SCHLUSSBILANZ — DDR

Schlußbilanz — DDR

Fazit einer verfehlten Wirtschafts-
und Sozialpolitik

Von

Günter Kusch, Rolf Montag
Günter Specht und Konrad Wetzker

Duncker & Humblot · Berlin

Die Deutsche Bibliothek – CIP-Einheitsaufnahme

Schlussbilanz – DDR: Fazit einer verfehlten Wirtschafts- und Sozialpolitik / von Günter Kusch . . . – Berlin: Duncker und Humblot, 1991
ISBN 3-428-07143-3
NE: Kusch, Günter

Alle Rechte vorbehalten
© 1991 Duncker & Humblot GmbH, Berlin 41
Fotoprint: Berliner Buchdruckerei Union GmbH, Berlin 61
Printed in Germany
ISBN 3-428-07143-3

Geleitwort

Mit der "Schlußbilanz - DDR" will das

Institut für Angewandte Wirtschaftsforschung e. V.

erstmalig Ergebnisse seiner Forschungsarbeiten einer breiten Öffentlichkeit vorlegen. Ehemalige DDR-Ökonomen legen darin ihr Urteil zum Scheitern der Planwirtschaft im Osten Deutschlands dar.

Das Institut, das aus dem früheren Ökonomischen Forschungsinstitut der Staatlichen Planungskommission hervorgegangen ist, hat sich im Dezember 1990 als privater Verein neu gegründet und unternimmt damit die ersten Schritte auf dem Wege zur selbständigen und unabhängigen empirischen Wirtschaftsforschung.

Das Institut für Angewandte Wirtschaftsforschung e V. will die radikalen Umwandlungsprozesse verfolgen und bewerten, die sich aus dem dreifachen Anpassungsschock für die Beitrittsländer ergeben, nämlich durch

- die deutsche Einigung seit der Wirtschafts-, Währungs- und Sozialunion,

- die damit verbundene Mitgliedschaft in der Europäischen Gemeinschaft und die Folgen der Vollendung des Binnenmarktes bis Ende 1992 und schließlich durch

- die Öffnung der mittel- und osteuropäischen Länder und die Transformation ihrer Planwirtschaften in die soziale Marktwirtschaft.

Von allen drei Schocks werden tiefgreifende Veränderungen in der industriellen Arbeitsteilung, der Produktion, den Außenhandelsströmen und der Beschäftigung in den Beitrittsländern ausgehen. Gefordert sind wirtschaftliche Informationen über die veränderten Rahmenbedingungen, die sich anpassenden Verhaltensweisen der Haushalte und Unternehmen und die Wirksamkeit wirtschaftspolitischer Maßnahmen. Dazu will das IAW einen eigenen Beitrag im Kreis der wirtschaftswissenschaftlichen Forschungsinstitute leisten.

Die "Schlußbilanz - DDR" ist der Versuch, das Fazit einer verfehlten Wirtschafts- und Sozialpolitik aus den eigenen Erfahrungen zu ziehen. Für die Autoren ist das bürokratische System der Planwirtschaft wegen seiner eklatanten ökonomischen Erfolgslosigkeit wie ein Kartenhaus zusammengebrochen.

Da die Autoren lange Jahre - in unterschiedlichem Ausmaß - an der Ausgestaltung der bürokratischen Planwirtschaft mitgearbeitet haben, ist die vorliegende Aufarbeitung der wirtschaftlichen Vergangenheit in der ehemaligen DDR nicht nur ein Beispiel für den unvermeidlichen Lernprozeß der Bürger in den neuen Bundesländern, sondern auch eine höchst nützliche Informationsquelle für alle diejenigen, welche die Chance und das Glück hatten, auf der anderen Seite zu stehen und nur in Ausnahmefällen konkrete Kenntnisse über die Folgen und Mißstände des sozialistischen Planungssystem erwerben konnten.

Berlin, im Februar 1991

Dr. Manfred Wegner
Präsident
des Instituts für Angewandte
Wirtschaftsforschung e. V.

Inhaltsverzeichnis

A. Vorbemerkung 9

B. Die SED und ihre "Ökonomische Strategie" in der Nach-Ulbricht-Zeit 13

    I. Die Ausgangsbasis Honeckers für seine Wirtschafts- und Sozialpolitik in den 70er und 80er Jahren 13

    II. Suche nach neuen Konzepten - die Politik der Hauptaufgabe - alte Fehler in neuem Gewand 17

    III. Das Mißverhältnis von Akkumulation und Konsumtion - Krebsschaden kurzfristig angelegter Verteilungspolitik 22

    IV. Strukturpolitik - Tummelplatz für Subjektivismus der SED-Führung 29

    V. Ungenügende Arbeitsteilung und kurzsichtige Außenhandelskonzepte - ständige Quelle für Verluste und Ineffizienz ... 45

    VI. Der Verfall des Kapitalstocks 54

    VII. Ökonomie kontra Ökologie - Umweltschutz Jahrzehnte ohne Priorität in der Wirtschaftspolitik der SED 69

    VIII. Die Landwirtschaftspolitik der SED zwischen aufwendigem Experimentieren, selbstgerechtem Renommieren und tatsächlichen Erfolgen 75

C. "Sozialistische Planwirtschaft" - versuchter Perfektionismus und Selbsttäuschung in der Wirtschaftspolitik der SED-Führung 86

    I. Das "gut" funktionierende System von Leitung, Planung und wirtschaftlicher Rechnungsführung 86

    II. Die volkseigenen Betriebe und Kombinate - Produkt und Spielball der zentralistischen Wirtschaftsleitung 92

III. Eigenerwirtschaftung, Leistungsbewertung, leistungsorientierte Lohnpolitik - Versuche der SED-Führung, systemimmanente Fehler der Zentralverwaltungswirtschaft zu überwinden... 100

IV. Das Versagen des Bilanzsystems als "tragendes Gerüst" des Planes... 110

V. Die voluntaristische Preisbildung im planwirtschaftlichen System, das Haushalts- und Kreditsystem im Schatten der Naturalwirtschaft... 120

VI. Das rigorose Außenhandels- und Valutamonopol der Zentralverwaltungswirtschaft... 131

VII. Die Zerstörung aller Ansätze für Reformbestrebungen - die autoritäre Praxis der Wirtschaftsleitung der SED -Führung... 137

D. Die Wirtschaftspolitik und das Wirtschaftssystem in der DDR - theoretischer Exkurs... 141

I. Die Hinterlassenschaft der Klassiker des Marxismus-Leninismus... 141

II. Das Stalinsche Konzept sozialistischer Wirtschaftsleitung und seine Anwendung in der DDR... 146

III. Die Stagnation und Perestroika der sozialistischen Wirtschaftswissenschaften... 150

IV. Die DDR an der Schwelle der Marktwirtschaft................... 154

A. Vorbemerkung

"Schlußbilanz-DDR" - dieser Begriff könnte die Vorstellung von einer umfassenden und endgültigen Abrechnung mit dem Wirtschaftssystem der DDR assoziieren und zugleich die Frage provozieren, ob dies nicht zu früh sei, denn die DDR hat gerade erst aufgehört zu existieren.

Erstens ist mit Fug und Recht festzustellen, daß mit dem Zusammenbruch der Machtstrukturen der Honecker-Ära auch die Wirtschaftspolitik und das Wirtschaftssystem der DDR zusammengebrochen sind. Ein Jahr lang befand sich die DDR-Wirtschaft in einem Schwebezustand, da die alten Methoden der zentralisierten Wirtschaftsführung sukzessive an Einfluß auf das Wirtschaftsgeschehen verloren, andererseits aber noch kein funktionierendes marktwirtschaftliches System etabliert war. Die Schlußbilanz konnte so schon im Herbst 1989 gezogen werden. Alles was danach kam, wird gesondert als erstes Exempel der Transformation vom Plan zum Markt in die Geschichte eingehen.

Zweitens, und dies erscheint den Verfassern von aktueller Bedeutung, ist dem Versuch von ehemaligen Größen aus dem Partei- und Wirtschaftsapparat entgegenzutreten, in Interviews und Schriften, zugunsten des eigenen Ansehens, die Ursachen und Folgen des politischen und wirtschaftlichen Desasters dem subjektiven Fehlverhalten von einigen wenigen - vor allem natürlich den anderen - anzulasten.

Ohne Anspruch auf Vollständigkeit zu erheben, geht es den Verfassern darum, zu zeigen, daß bereits der Ansatz der Kommandowirtschaft falsch war, daß bei allem Subjektivismus der SED-Führung und ihrer Ignoranz gegenüber ökonomischer Vernunft nichts von dieser Grundthese ablenken darf. Für die DDR gilt gegenüber allen anderen sozialistischen Ländern, daß dieser falsche Ansatz am konsequentesten verfolgt und perfektioniert wurde und deshalb jetzt auch am besten seziert werden kann.

Unmittelbar nach dem noch mit großem Pomp von der ehemaligen SED- und Staatsführung begangenen 40. Jahrestag der Gründung der DDR kam der Zusammenbruch der bisherigen politischen Machtstrukturen. Was sich in anderen osteuropäischen Ländern über viele Jahre hinweg vollzog und noch vollzieht, geschah in der DDR innerhalb weniger Wochen. Im Herbst 1989 hatten sich die inneren und äußeren Bedingungen der DDR in einem Maße verändert, daß die die Stabilität des bestehenden Gesellschaftssystems gefährdenden Prozesse und Interessenkonflikte durch den zentralen Machtapparat nicht mehr kompensiert werden konnten.

A. Vorbemerkung

Es bedurfte mit der Öffnung der ungarischen Grenze nur eines Anlasses, um das lange Zeit so stabil erscheinende Gebäude des "realen Sozialismus" zum Einsturz zu bringen. Eine große Zahl junger und zumeist gut ausgebildeter Menschen verließ das Land. Der Exodus wurde gewissermaßen zum Katalysator der Entwicklung.

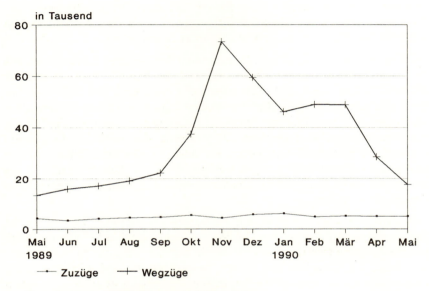

Abwanderung von DDR-Bürgern nach Monaten

Die über Jahrzehnte angestauten Widersprüche in der Gesellschaft brachen offen auf. Diejenigen, die blieben, forderten nun mit steigendem Nachdruck radikale Veränderungen, Befreiung von ständiger geistiger Bevormundung, Beseitigung der überall um sich greifenden Korruption und der zahllosen Ungerechtigkeiten im Gefüge der Verteilung. Wahrhaftigkeit in der Politik, der Wirtschaft und im täglichen Leben war zur unüberhörbaren Forderung der Mehrheit der DDR-Bürger geworden. Für ehrliche Arbeit, für ehrlich verdientes Geld sollte es endlich auch Waren und Leistungen zu vernünftigen Preisen und ohne Wartezeiten oder Beziehungen geben. Jubelfeiern und ständig schöngefärbte, nichtssagende Statistiken bildeten einen allzu krassen Gegensatz zum tatsächlichen Alltagsleben des DDR-Bürgers. In den Betrieben stockte der Produktionsfluß immer häufiger aus Mangel an Zulieferungen oder wegen Havarien an verschlissenen Maschinen und Anlagen. Das hatte groteske Folgen. An Wochen- und Mo-

A. Vorbemerkung

natsenden wurden Sonderschichten angeordnet und mit "Anwesenheitsprämien" bzw. "Sonderzuschlägen" honoriert, um ab Wochen- oder Monatsanfang wieder die Zeit "totzuschlagen". Der bürokratische Aufwand und Formalismus nahm entgegen allen Beteuerungen zu. Das Warenangebot und die Qualität der Erzeugnisse wurden mehr und mehr dürftiger, die Wartezeiten für hochwertige Konsumgüter immer länger. Wer sich mit 18 Jahren für ein Auto anmeldete, konnte hoffen, es mit 34 Jahren zu bekommen. Auch die Versorgung mit Wohnraum war für junge DDR-Bürger außerordentlich differenziert und längst nicht so problemlos, wie es die offizielle Propaganda glauben machen wollte.

Unter diesen Bedingungen mußte ein enormer Verfall moralischer Werte und politischer Ideale eintreten. Die stets beschworene "Kampfkraft" der Partei und der gesellschaftlichen Organisationen erlahmte zusehends. Wer wollte noch das Wort vom bisher erfolgreichsten Abschnitt in der Geschichte der DDR kolportieren und Gefahr laufen, müde belächelt oder mit zornigen Worten bedacht zu werden. Das Vertrauen zur politischen Führung erreichte einen neuen Tiefstand. Ein baldiger Generationswechsel in dieser Führung mit "Gorbatschoweffekt" wurde zum entscheidenden Hoffnungsträger.

Die Krise des politischen Systems in der DDR - das in seinen Grundstrukturen immerhin 4 Jahrzehnte bestand - muß in entscheidendem Maße als ökonomisch determiniert angesehen werden.

Mit der vorliegenden Arbeit versuchen die Autoren, erste Antworten auf die Frage zu geben, wie es zu der Krise der Wirtschaft in der DDR kommen konnte. Den Autoren ging es darum, kurzfristig wesentliche Zusammenhänge, Hintergründe und Tendenzen der wirtschaftlichen Entwicklung in der DDR in den 70er und 80er Jahren aufzuzeigen, die letztlich mit Notwendigkeit zum Zusammenbruch der zentralen Kommandowirtschaft führen mußten. Dabei konnten sie sich auch auf bisher unveröffentlichte Zahlen und eigene Berechnungen stützen. Die Unvereinbarkeit der durch die politische Führung herausgeforderten und durch den Vergleich mit der Bundesrepublik bestärkten sozialen Ansprüche mit einer zu ihrer Befriedigung nicht genügend leistungsfähigen Wirtschaft, der Voluntarismus und die gleichzeitige Inkompetenz der Führung sowie die letzten Endes entscheidende Insuffizienz des Wirtschaftssystems sind Hauptgegenstand des Kapitels B. des vorliegenden Buches.

Im Kapitel C. werden die entscheidenden Schwachpunkte des Systems der Leitung, Planung und wirtschaftlichen Rechnungsführung untersucht. Bei allen subjektiv bedingten Fehlentscheidungen auf wirtschaftlichem und sozialem Gebiet war es letzten Endes die Untauglichkeit des Systems der zentralen Plan- oder besser Kommandowirtschaft, die zu einem immer größeren Abstand zur Leistungsfähigkeit der Marktwirtschaft führen mußte, weil es die Eigeninitiative, das persönliche Interesse der Menschen in starkem Maße ausschaltete, sie in ihrer Selbstverwirklichung behinderte. Ebenso erwies sich auch die perfekteste zentrale Planung nicht in der Lage, die Koordinierungsfunktion des Marktes zu ersetzen. Die systembedingten Schwächen bedürfen einer weitergehenden Aufhellung. Der Zusammenbruch des bisher "real existierenden Sozialismus", nicht allein in der DDR, sondern nahezu zeitgleich in fast allen Ländern des Ostblocks, erfordert deshalb schließlich eine Neubewertung dessen, was als Politische Ökonomie des Sozialismus in Tausende Lehrbücher und Schriften Eingang gefunden hat. Es gehört zu den oft postulierten Leitsätzen des Marxismus, daß die Praxis das Kriterium der Wahrheit theoretischer Erkenntnisse sei. Eben die Praxis der sozialistischen Planwirtschaft hat die darüber verbreiteten Theorien ad absurdum geführt. Im letzten Kapitel des vorliegenden Buches unternehmen die Autoren deshalb einen Versuch, eine neue Sicht auf die objektiv bedingten Unzulänglichkeiten der zentral verwalteten Planwirtschaft zu finden. Eine solche Betrachtung ist kein Selbstzweck.

Es geht um Einsichten und Erkenntnisse, warum es, zumindest gegenwärtig und auch für absehbare Zeit, keine Alternative zur Marktwirtschaft und der sie bedingenden demokratischen Grundordnung gibt. Damit wird die Marktwirtschaft keinesfalls zum Schlußstein der Geschichte stilisiert, andererseits aber versucht - gerade auch aus den persönlichen Erfahrungen heraus - in der gegenwärtigen Situation der einstigen sozialistischen Länder zu pragmatischen Lösungen beizutragen und nicht durch Ideale von übermorgen schnelle Forschritte in diesen Ländern von heute aufzuhalten.

Die Autoren, die - in unterschiedlichem Maße - selbst für Details der Ausgestaltung der Planwirtschaft Verantwortung trugen, wollen mit dieser Schlußbilanz diese Verantwortung nicht ablegen. Die Tatsache, daß Ausgestalter der Planwirtschaft jetzt als Vorfechter der Marktwirtschaft auftreten, mag für einen Teil der Leser unglaubhaft sein. Damit müssen die Autoren leben, was ihnen aber nicht die Hoffnung nimmt, daß die vorliegende Untersuchung dazu beiträgt, einen historischen Fehlversuch, wie ihn die Wirtschafts- und Sozialpolitik der DDR darstellte, als solchen festzuhalten.

B. Die SED und ihre "Ökonomische Strategie" in der Nach-Ulbricht-Zeit

I. Die Ausgangsbasis Honeckers für seine Wirtschafts- und Sozialpolitik in den 70er und 80er Jahren

Zu Beginn der 70er Jahre befand sich die DDR in einer relativ günstigen wirtschaftlichen Situation. Mit dem Elan des Neubeginns und dem Vertrauen auf eine bessere Zukunft hatten in 25-jähriger Aufbauarbeit Millionen Menschen nicht nur die Trümmer des 2. Weltkrieges beseitigt, 98 % der von Gesamtdeutschland zu leistenden Reparationen beglichen und die Wirtschaft in Gang gebracht, sondern waren selbst zu einem bescheidenen Wohlstand gelangt.

Die Motive für die Arbeitsleistungen der Menschen auf dem Territorium der DDR unterschieden sich in den ersten Jahren nicht wesentlich von denen der Bürger der Bundesrepublik. Allzuviel war durch den Krieg verloren gegangen, zerstört oder einfach verschlissen. Es wurde gearbeitet und jeder spürte, daß es wieder vorwärts ging. Die Worte der Weberin Frieda Hockauf am Anfang der 50er Jahre "So wie wir heute arbeiten, werden wir morgen leben" entsprachen dem Zeitgeist. Andererseits zeigte sich schon bald, daß die marktwirtschaftliche Ordnung - kräftig angeschoben durch die Währungsreform - einen rascheren Zuwachs an Wirtschaftskraft und sozialem Standard ermöglichte als die Ende der 40er Jahre im gesamten sowjetischen Einflußbereich eingeleitete Planwirtschaft.

Erste systemimmanente Widersprüche zwischen Leistungen für und Ansprüchen an die Gesellschaft brachen auf. Nicht zufällig entzündeten sich die Ereignisse vom 17. Juni 1953 an administrativ angeordneten Normenerhöhungen und Verschlechterungen der Arbeits- und Lebensbedingungen. Mit Hilfe der sowjetischen Panzer und einem "neuen Kurs" wurde das Land befriedet, ohne die Menschen hinsichtlich ihrer politischen Freiheiten und ökonomischen Entfaltungsmöglichkeiten zufriedengestellt zu haben. Es kam zur Massenflucht in den Westen. Seit Gründung der DDR verließen bis zum Bau der Mauer im August 1961 rund 2 Millionen Menschen ihre Heimat.

Binnenwirtschaftlich hatte der Mauerbau zunächst eine stabilisierende Wirkung. Die Abwanderung vor allem jüngerer leistungsfähiger Arbeitskräfte wurde gestoppt und eine Gesundung der Wirtschaft eingeleitet. Mit Hilfe des sogenannten "Produktionsaufgebots" gelang es, die Beschäftigtenstruktur durch den Abbau von Verwaltungsangestellten zu verbessern und vor allem "die Leistung wieder an den Lohn heranzuführen", d.h. die Arbeitsproduktivität zu verbessern. Das geschah vor allem durch die weitgehende Stagnation der Löhne zwischen 1961 und 1963. Insgesamt gelang zwischen 1961 und 1970 eine Steigerung des produzierten Nationaleinkommens um 51%, der eine Steigerung der Nettogeldeinnahmen der Bevölkerung um 35 % gegenüberstand.

Die Akkumulationsrate, der Anteil des verwendeten Nationaleinkommens für Nettoinvestitionen (Gesamtinvestitionen minus Amortisationen) und Bestandserhöhungen, stieg dabei von 22,7 % im Jahre 1960 auf 29,0 % im Jahre 1970. Sie erreichte damit im Jahre 1970 den Höchststand in der Geschichte der DDR und ermöglichte es, Aufgaben der Gegenwart und Zukunft in ausgewogenem Verhältnis in Angriff zu nehmen. Die Versorgung mit Rohstoffen, Material und Zulieferungen war, abgesehen von planwirtschaftstypischen Mängeln, gesichert. Es gab keine entscheidenden Disproportionen zwischen den Zweigen und Bereichen.

Die Auslandsverschuldung im westlichen Wirtschaftsgebiet war mit rund 1 Mrd. Dollar unbedeutend. Der Staatshaushalt war schuldenfrei. Im Jahre 1970 - noch ohne übermäßige Aufblähungen durch Umverteilungsprozesse- betrug das Budget mit rund 70,6 Mrd. M Einnahmen und 70,0 Mrd. M Ausgaben nur rund ein Viertel des Ende der 80er Jahre erreichten Volumens. Die Zuwendungen des Staatshaushaltes für die Subventionierung von Waren des Bevölkerungsbedarfs machten nur ein Sechstel und für das Wohnungswesen weniger als ein Achtel des Umfangs von 1989 aus. Die Sparguthaben der Bevölkerung beliefen sich auf weniger als ein Drittel des gegenwärtigen Standes. Ein angestauter Kaufkraftüberhang, wenn davon überhaupt die Rede sein konnte, hielt sich in bescheidenem Rahmen.

Knapp 10 Jahre nach dem Bau der Mauer überließ Ulbricht seinem Nachfolger Honecker eine leidlich intakte Wirtschaft, in der freilich viele Wünsche der Bevölkerung offengeblieben waren und die bezüglich der Produktivitätsentwicklung nicht mit den führenden westlichen Ländern Schritt gehalten hatte. Auf dem Höhepunkt des kalten Krieges ahnte Ulbricht die Konsequenzen einer äußeren und inneren Verschuldung für die politische und wirtschaftliche Stabilität der DDR und wachte über die Ausgeglichenheit der volkswirtschaftlichen Bilanz, wie das nie wieder in der Folgezeit der Fall sein sollte. Was später zur bloßen Formel entartete, daß nur verbraucht werden kann, was auch erwirtschaftet wurde, wurde in jenen Jahren tatsächlich befolgt.

Viele Hoffnungen auf eine effizientere Wirtschaft gründeten sich in jener Zeit auf die Reformierung der Wirtschaft, wie sie 1962 beginnend mit dem "Neuen ökonomischen System" (NÖS) in Angriff genommen wurde. Ulbricht, in wirtschaftlichen Dingen kompetenter als sein Nachfolger Honecker, hatte bis zu einem gewissen Maße eingesehen, daß das herkömmliche zentralistisch - bürokratische Wirtschaftsmodell nicht mehr taugte, um die zunehmenden Verflechtungen der Wirtschaft zu beherrschen, den notwendigen Innovationsschub zu initiieren und vor allem die Menschen dauerhaft für hohe Leistungen zu motivieren. Er setzte deshalb mit dem "Neuen ökonomischen System" auf die Schaffung ökonomischer Anreize für die Betriebe und Erwerbstätigen, auf marktorientierte Arbeit und Gewinnstreben. Es begann eine Zeit intensiver Suche nach neuen, besseren Lösungen für eine "wirksamere Verbindung von zentraler staatlicher Planung und Leitung und Eigenverantwortung der Betriebe und Unternehmen", eine Formel, die in der Propaganda der SED immer dann wiederkehren sollte, wenn die Widersprüche zwischen den verkündeten wirtschaftlichen Ansprüchen und den Realitäten für die Menschen immer augenscheinlicher wurden.

Mit der langfristig und mit großem Aufwand vorbereiteten Umbewertung der Grundmittel sowie der Industriepreisreform in 3 Etappen in den Jahren 1964 - 1967 sollten Grundlagen für eigenständiges kaufmännisches Rechnen und Wirtschaften geschaffen werden. Das von Lenin für die Staatsbetriebe entwickelte Prinzip der wirtschaftlichen Rechnungsführung wurde bis hin zu den Vereinigungen Volkseigener Betriebe (VVB) gestaltet. Es entstanden erste Kombinate und Modelle für ihre Leitung nach modernen leitungswissenschaftlichen Erkenntnissen. Kartellmäßig wurde die Erzeugnisgruppenarbeit organisiert.

Erstmalig erfolgte eine Konfrontation der Exportbetriebe mit den äußeren Märkten, indem die Differenz zwischen den Exporterlösen und den staatlich festgelegten Industrieabgabepreisen in die Gewinne (Einheitliches Betriebsergebnis) einbezogen wurde.

Ansätze für einheitlich normative Abführungen an den Staatshaushalt waren in dieser Zeit Grundstein für ein später mögliches Steuersystem. Mehr oder weniger erfolgreich wurden nach Methoden des sowjetischen Ökonomen Liberman Korrelationen von Leistung und Einkommen erprobt.

Die DDR machte so insgesamt vielfältige Anstalten, sich mit einem neuen Wirtschaftssystem von dem von der UdSSR übernommenen Modell einer zentralen bürokratisierten Kommandowirtschaft zu befreien.

Die von der SED eingeleiteten Reformen der 60er Jahre mußten zum Scheitern verurteilt sein, weil sie die zentrale Kommandowirtschaft nicht beseitigen, sondern nur modifizieren und durch größere Selbständigkeit der Unternehmen ergänzen wollte. Das war ein Widerspruch in sich selbst und sollte künftig immer wieder zum entscheidenden Hemmnis und zur Grundlage der Restauration alter Methoden werden. So wurden die Versuche der 60er Jahre folgerichtig bereits am Ende des Jahrzehnts von voluntaristischen Bestrebungen Ulbrichts und seines damaligen Wirtschaftssekretärs Mittag überwuchert.

Schon einmal hatte Ulbricht 1958 auf dem V. Parteitag eine ökonomische Hauptaufgabe gestellt: "Die Volkswirtschaft der DDR ist innerhalb weniger Jahre so zu entwickeln, daß die Überlegenheit der sozialistischen Gesellschaftsordnung der DDR gegenüber der Herrschaft der imperialistischen Kräfte im Bonner Staat eindeutig bewiesen wird und infolgedessen der Pro-Kopf-Verbrauch unserer werktätigen Bevölkerung mit allen wichtigen Lebensmitteln und Konsumgütern den Pro-Kopf-Verbrauch der Gesamtbevölkerung in Westdeutschland erreicht und übertrifft"[1].

Mit dem "Neuen ökonomischen System" wurde erneut eine völlig unrealistische Losung vom "Überholen ohne einzuholen" aufgestellt, die auf einem ebenso fatalen wie bezeichnenden Mißverständnis Ulbrichts von naturwissenschaftlichen und ökonomischen Prozessen beruht. Prominente Wissenschaftler des ehemaligen Forschungsrates wollten begreiflich machen, daß es in Naturwissenschaft und Technik durchaus möglich und üblich ist, auf unterschiedlichen Wegen zu Lösungen zu kommen, ja es geradezu erforderlich ist, kreative Wege zu gehen, um nicht ständig "der Welt hinterher zu forschen" und zu eigenen neuen Lösungen zu gelangen.

Das auf gesamtvolkswirtschaftliche Prozesse zu übertragen und zur Tageslosung zu machen, mußte zu barem Unsinn führen. Gleichzeitig wurde durch die SED das gesamte Wirtschaftsleben ideologisiert, und so kündete vom Dresdener Atriumkomplex am Pirnaischen Tor die obige Losung in riesigen Leuchtbuchstaben von der Absurdität der Wirtschaftspolitik in der DDR. Ideelle Triebkräfte sollten materielle Interessiertheit ersetzen. Die Losungen nutzten sich jedoch in dem Maße ab, in dem wirtschaftliche Erfolge und versprochene soziale Verbesserungen ausblieben. Der Voluntarismus der Führung äußerte sich jedoch nicht nur in unrealen Losungen.

---

[1] Referat W. Ulbrichts auf dem V. Parteitag der SED, Dietz-Verlag 1958, S.4.

Allen Erfahrungen zum Trotz sollten eine Vielzahl aufwendiger, in den Jahren 1968 und 1969 begonnener Automatisierungsvorhaben sowie bescheidene Anfänge der Nutzung der elektronischen Rechentechnik zukünftig sprunghafte Erhöhungen der Arbeitsproduktivität ermöglichen.

Die Praxis des "Neuen ökonomischen Systems" zeigte, daß mit ihm erlangte Freizügigkeiten der Betriebe in zunehmende Widersprüche zur zentralen Kommandowirtschaft gerieten. Anstatt nach Plan zu produzieren, versuchten sich die Betriebe zunehmend an marktwirtschaftlichen Kriterien zu orientieren. Da diese Entwicklung nicht durch außenwirtschaftliche Öffnung und sinnvolle Arbeitsteilung ergänzt wurde, mußten bei einigen Erzeugnissen noch größere Defizite entstehen, andere verschwanden völlig aus dem Angebot. Das "einseitige Gewinnstreben" der Betriebe und die den Mangel verwaltende zentrale Verteilungswirtschaft harmonisierten nicht miteinander und mußten früher oder später folgerichtig die Frage nach dem Entweder-Oder der geplanten Zentralverwaltungswirtschaft und der Marktwirtschaft entstehen lassen. Die Reform der Wirtschaft mußte auch deshalb scheitern, weil sie nicht mit einer politischen Reform im Sinne einer umfassenden Demokratisierung einherging. Diese Vorstellung von einem demokratischen Sozialismus war im August 1968 mit der Besetzung der CSSR durch die Truppen des Warschauer Paktes zu Grabe getragen worden.

Die Machtübernahme Honeckers im Jahre 1970 bedeutete schließlich das endgültige Aus für das ständige Laborieren an Reformen unter Ulbricht. Marktwirtschaft wurde zum Sinnbild des Kapitalismus, Planwirt- schaft zum Synonym des Sozialismus und beides für unvereinbar erklärt.

II. Suche nach neuen Konzepten - die Politik der Hauptaufgabe - alte Fehler in neuem Gewand

Die Amtsübernahme Honeckers erfolgte vor dem Hintergrund ernsthafter ökonomischer Probleme: Ehrgeizige Automatisierungsvorhaben verschlangen große Summen und brachten die Entwicklung des Lebensstandards der Menschen zum Stocken. Willi Stoph, Ministerpräsident bei Ulbricht, gebrauchte auf der 14. ZK-Tagung der SED, wo die Weichen zur Entmachtung Ulbrichts gestellt wurden, das Wort von den ökonomischen Gesetzen, die man nicht überlisten könne. Es entbehrt nicht einer gewissen politischen Tragik und Komik, daß eben der gleiche Willi Stoph in derselben Funktion 20 Jahre später mit ähnlichen Vorwürfen die Entmachtung Honeckers im Politbüro verlangte.

B. „Ökonomische Strategie" in der Nach-Ulbricht-Zeit

Der VIII. Parteitag der SED im Juni 1971 sollte sich in besonderem Maße als schicksalhaft für die weitere Entwicklung der DDR erweisen. Von seiner Tribüne erklärte Honecker die weitere Erhöhung des materiellen und kulturellen Lebensniveaus des Volkes auf der Grundlage eines hohen Entwicklungstempos der sozialistischen Produktion, der Erhöhung der Effektivität, des wissenschaftlich-technischen Fortschritts und des Wachstums der Arbeitsproduktivität zur sogenannten Hauptaufgabe[2].

Damit begann eine Entwicklungsphase, die Honecker später wiederholt in selbstgerechter Weise als die erfolgreichste in der Geschichte der DDR bezeichnete. Über alle 20 Jahre seiner Herrschaft hielt er an dieser Hauptaufgabe fest, auch wenn der Widerspruch zwischen Ziel und Wirklichkeit immer größer wurde.

Die als Grundsäule seiner Strategie deklarierte "Einheit von Wirtschafts- und Sozialpolitik" scheiterte, weil einerseits das Wirtschaftssystem keine Anreize implizierte, die zu Leistungen führten, mit denen die sozialen Ansprüche befriedigt werden konnten, und andererseits die nicht an eigene Leistungen gebundene Zunahme sozialer Sicherheit kontraproduktiv auf die Leistungsmotivation zurückwirkte.

Die Führung unter Honecker hatte sich eine Beschleunigung des Wachstums des produzierten Nationaleinkommens durch eine anfänglich höhere Verwendung von Nationaleinkommen versprochen, und das Gegenteil trat ein (Tabelle 1, Tabelle 2).

Charakteristisch für das erste Dezennium der Ära Honecker ist deshalb ein rasant steigender Mehrverbrauch von Nationaleinkommen, insbesondere im Fünfjahrplanzeitraum 1976 - 1980, der eine Umkehrung dieses Prozesses in den 80er Jahren unausweichlich machte. Während der Voluntarismus in den 70er Jahren eine Überkonsumtion auf Kosten der Außenverschuldung bewirkte, da sich der "Landesvater" im Erfolg seiner Hauptaufgabe sonnen wollte, führte er in den 80er Jahren vor allem zum Zerfall des Kapitalstocks, da dies kurzfristig die einzige machterhaltende Umverteilungsmöglichkeit gegenüber dem Druck der Bevölkerung und der äußeren Gläubiger war. Die negativen Langzeitwirkungen dieses Weges werden bis zum Ende des Jahrtausends spürbar sein.

---

[2] Vgl. Bericht des ZK der SED an den VIII. Parteitag, Dietz - Verlag 1971, S.38.

II. Die Politik der Hauptaufgabe – alte Fehler in neuem Gewand

Tabelle 1:
Jahresdurchschnitt in Milliarden Mark

	1976/80	1981/85	1986/88
produziertes Nationaleinkommen	178,6	220,2	260,6
verwendetes Nationaleinkommen	200,6	213,9	244,1
Mehr-/Minderverbrauch	+ 22,0	./.6,3	./.16,5

Tabelle 2:
Durchschnittliches jährliches Wachstum des produzierten Nationaleinkommens

1971 - 1975	5,4 %	1987	3,6 %
1976 - 1980	4,2 %	1988	2,9 %
1981 - 1985	4,6 %	1989	2,0 %
1986	4,3 %		

Auswirkungen dieses Voluntarismus wurden durch die zweimalige Explosion der Weltmarktpreise für Rohstoffe und Energieträger in den Jahren 1973 bis 1975 und 1979 bis 1981 noch verstärkt.

Trotz alledem ließ sich Honecker von seiner Generallinie nicht abbringen. Unter Hinweis auf die hohen außenwirtschaftlichen Belastungen erklärte er auf dem X. Parteitag der SED im April 1981, daß die Partei auch weiter den Kurs der Hauptaufgabe prinzipienfest steuert und die Grundlagen sozialer Sicherheit und sozialen Fortschritts zuverlässig gewährleistet und ausgebaut werden. Das Volk wisse - so Honecker - "... solche Stabilität und Kontinuität nur umso mehr zu schätzen und beantwortete sie mit hoher Leistungsbereitschaft"[3].

Obwohl die reale Entwicklung Honecker Lügen strafte, war die Parteiführung weder fähig noch Willens, reinen Wein einzuschenken und ein Engerschnallen des Riemens zu verkünden oder Konsequenzen zur Änderung des politischen und wirtschaftlichen Systems zu ziehen.

---
[3] Bericht des ZK der SED an den X. Parteitag, Dietz - Verlag 1981, S. 33.

B. „Ökonomische Strategie" in der Nach-Ulbricht-Zeit

Das hätte eine Bankrotterklärung bedeutet und die Preisgabe der Macht mit sich bringen können, wozu die priviligierte Führung nicht bereit war. So reichte es nicht einmal mehr zu einem in der Vergangenheit oft benutzten Mittel, der Verkündung eines neuen Kurses. Es blieb nur der Appell, besser und erfolgreicher zu arbeiten.

Dem entsprach die in der Folgezeit von der Parteipropaganda und allen Medien gebetsmühlenhaft beschworene "ökonomische Strategie", ein von subjektiven politischen Wunschvorstellungen geprägtes Ökonomiekonzept, das sich in seinen Folgen für die Entwicklung einer modernen Volkswirtschaft entgegen allen Beteuerungen letztlich als katastrophal für die Menschen erweisen sollte.

Noch einmal - auf dem XI. Parteitag der SED im April 1986 - legte Honecker selbst die Frage nach dem Machbaren vor. "Ende der 70er, Anfang der 80er Jahre standen wir vor der Frage, wie es weitergehen soll. Sollten wir jenen Gehör schenken, die für ein Abbremsen des Tempos waren, oder denjenigen, die dafür waren, die umfassende Intensivierung, den Kurs der Einheit von Wirtschafts- und Sozialpolitik weiter durchzuführen. Wir haben diesen Kurs gewählt, und die Ergebnisse sind heute offen sichtbar"[4]. Um diese Politik weiterführen zu können, wurden alle Möglichkeiten der Verschuldung ausgenutzt:

- Rasant stieg die Verschuldung gegenüber dem westlichen Ausland. Eine Verschuldung gegenüber der UdSSR und anderen RGW-Ländern unterblieb deshalb, weil diese Länder, mit den gleichen wirtschaftlichen Schwierigkeiten im Innern kämpfend, zu einer Kreditvergabe gar nicht in der Lage waren und die zentrale Plankoordinierung ganz auf den jährlichen Ausgleich etwaiger Überschüsse irgend eines Landes gerichtet war.

- Binnen weniger Jahre verschuldete sich der Staatshaushalt an das Kreditsystem bis Ende 1989 in einer Höhe von 130 Milliarden Mark. Diese Verschuldung war vor allem Ausdruck der verfehlten Lebensstandardpolitik, bestehender Disproportionen und eines das Marktgleichgewicht störenden Geldüberhangs.

- Immer mehr Mittel wurden aus der volkseigenen Wirtschaft abgezogen und im Staatshaushalt konzentriert, um die aufwendige Sozialpolitik überhaupt noch finanzieren zu können. Die volkseigenen Kombinate und ihre Betriebe mußten dazu den weitaus größten Teil der von ihnen erwirtschafteten Gewinne sowie Amortisationen abführen und sich selbst hochgradig verschulden. Wurden die Investitionen der volkseige-

---
[4] Bericht des ZK der SED an den XI. Parteitag, Dietz - Verlag 1986, S. 26.

nen Wirtschaft im Zeitraum 1981 bis 1985 noch zu einem Viertel durch Kredite finanziert, so stieg der Kreditanteil bis 1989 auf rd. zwei Drittel an.

- In die Verschuldung des Staates wurde mehr und mehr die Bevölkerung einbezogen. Die Entwicklung ihrer Geldeinkünfte überstieg zunehmend die mögliche Bereitstellung von Waren und Dienstleistungen und führte zu einer erzwungenen tendenziellen Erhöhung der Sparquote.

Tabelle 3:

Jährliche Erhöhung der Sparguthaben und des Bargeldumfanges im Verhältnis zu den Nettogeldeinnahmen (Sparquote)

1980	2,2 %	1985	4,4 %
1981	2,6 %	1986	5,6 %
1982	3,8 %	1987	6,5 %
1983	4,7 %	1988	6,4 %
1984	4,2 %		

Der aufgestaute Kaufkraftüberhang bei der Bevölkerung - eine de facto Verschuldung des Staates - mußte Anfang 1990 auf ca. 30 Milliarden Mark geschätzt werden.

Neben der schleichenden Inflation - die es offiziell in der DDR nie gab, die aber nach internen Statistiken bis Ende 1988 gegenüber 1975 zu einer Steigerung des Niveaus der Verbraucherpreise auf 116,5 %, bei Industriewaren auf 127 % führte - stellt dieser Kaufkraftüberhang eine planwirtschaftsspezifische verdeckte Form der Inflation dar.

- Nicht zu beziffern schließlich ist das Verschulden des Staates an die Umwelt durch die Unterlassung von Aufwendungen für die Reinhaltung der Luft und der Gewässer, für die Rekultivierung und anderes mehr.

So grotesk es angesichts des Auseinanderlaufens des Lebensniveaus in der BRD und der DDR besonders in den 70er und 80er Jahren auch klingt: der DDR- Bürger hat in all diesen Jahren über seine Verhältnisse und vor allem zu Lasten der Zukunft gelebt.

III. Das Mißverhältnis von Akkumulation und Konsumtion - Krebsschaden kurzfristig angelegter Verteilungspolitik

Gab es schon in den theoretischen Auffassungen zum Verhältnis von Akkumulation zu Konsumtion unter den die sozialistische Planwirtschaft verfechtenden Ökonomen sehr unterschiedliche Standpunkte und Schulen, so war der Widerspruch zwischen Theorie und Praxis noch krasser. Der von Stalin so favorisierte Ausbau der Schwerindustrie, der von allen sozialistischen Ländern ungeachtet ihrer nationalen Bedingungen nachvollzogen wurde, hatte die Vernachlässigung der Konsumgüterindustrie zur Folge, was zur permanenten Krise in der Versorgung der Bevölkerung beitrug. Sowohl hierbei ("Gesetz vom vorrangigen Wachstum der Abteilung I"[5]) als auch bei der vor allem in den 70er Jahren erfolgten Umorientierung auf Kosten der Erweiterung und Erhaltung des Kapitalstocks ("Primat der Politik gegenüber der Ökonomie") berief man sich auf Lenin. Die Akkumulationsrate in der DDR sank dementsprechend kontinuierlich in den 70er und 80er Jahren (Tabelle 4). Komplementär stieg der Anteil der Konsumtion.

Tabelle 4:
Entwicklung der Akkumulationsraten

1970	29,0 %	1981 / 85	22,2 %
1971 / 75	27,5 %	1986 / 88	21,5 %
1976 / 80	26,5 %		

Diese für die Zukunft negativen Tendenzen in der Entwicklung des Verhältnisses von Akkumulation und Konsumtion wurden durch Veränderungen innerhalb dieser beiden Verwendungspositionen des Nationaleinkommens noch weiter ungünstig verstärkt.

Zum ersten wirkte sich die verringerte Akkumulation voll auf die Investitionen im produzierenden Bereich aus, während die Investitionen im nichtproduzierenden Bereich vor allem durch den forcierten Wohnungsbau absolut und anteilig stiegen. Der Anteil des verwendeten Nationaleinkommens für produktive Investitionen sank von 16,1 % im Jahre 1970 auf 10,6 % im Jahre 1988, der Anteil für den Wohnungsbau stieg von 5,6 % im Jahre 1970 auf 8,3 % im Jahre 1985 und 7,8 % im Jahre 1988.

---

[5] Abteilung I - produktionsmittelproduzierende Bereiche.

III. Das Mißverhältnis von Akkumulation und Konsumtion

Zum zweiten entwickelte sich innerhalb der Konsumtion die gesellschaftliche rascher als die individuelle Konsumtion. Das Ausmaß der strukturellen Veränderungen bei der Verteilung des Endprodukts im Zeitraum von 1971 bis 1988 gegenüber dem Jahr 1970 veranschaulicht folgende Grafik:

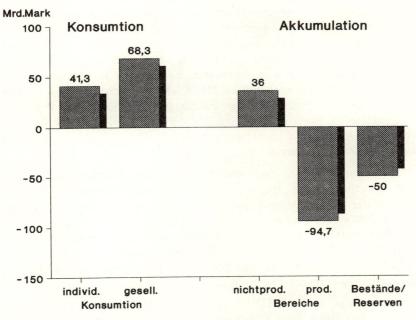

Abbildung 1: Verteilung des Endprodukts von 1971 bis 1988 gegenüber 1970

Die Veränderungen in der Verwendung der Akkumulation beeinträchtigten die erweiterte Reproduktion der Volkswirtschaft nachhaltig. Die Summe der durch die strukturellen Verschiebungen "unterbliebenen" Investitionen in den produzierenden Bereichen in Höhe von rund 95 Milliarden Mark entspricht etwa dem Bestand der voll abgeschriebenen Baulichkeiten, Maschinen, Ausrüstungen und Anlagen der Industrie.

In den Jahren 1982 bis 1986 ging das Investitionsvolumen absolut unter das 1981 erreichte Niveau zurück. Hinter dem wertmäßigen Ausweis des Investitionsvolumens verbarg sich jedoch ein zunehmender Schwund an realer Investitionskraft.

Maßgeblich dafür sind die insbesondere bei Maschinen, Ausrüstungen und Anlagen wirksam gewordenen Preiserhöhungen, die nur zu einem Teil statistisch erfaßbar sind. Neben der offiziell, in planmäßigen Industriepreisveränderungen ausgewiesenen Verteuerung vollzogen sich über Neuentwicklungen erhebliche nicht erfaßbare Preissteigerungen. Die Ursachen dafür liegen darin, daß erstens planmäßig erhöhte Preise für Roh- und Werkstoffe sowie Energieträger jeweils in die Kalkulation neuer Erzeugnisse eingingen und zweitens die Produzenten neuer Erzeugnisse mit staatlich anerkannten Extragewinnen, die von den Abnehmern zwangsweise bezahlt werden mußten, für ihre Innovation "belohnt" wurden. Der höhere Gebrauchswert der neuen Erzeugnisse stand dabei in keinem auch nur annähernd realen Verhältnis zur Preiserhöhung - eine weit verbreitete Erscheinung auch auf dem Konsumgütersektor. So wurde z. B. für den neu entwickelten Mehrspindeldrehautomat DMA 640 eine Leistungssteigerung um 115 % gegenüber dem abgelösten Erzeugnis ausgewiesen, der Preis stieg aber um 546 %. Noch extremer lag das Verhältnis bei der Superfinishmaschine KM 150. Einer Leistungssteigerung um 118 % stand eine Preiserhöhung um 628 % gegenüber.

Soweit moderne Maschinen und Ausrüstungen aus dem westlichen Ausland importiert wurden, trat ein anderer Verteuerungsfaktor auf. Der Niedergang der Exportfähigkeit und damit verbunden der Exportrentabilität der DDR-Wirtschaft hatte den internen Kurs von 1,70 Mark der DDR für eine DM im Jahre 1970 über 2,00 Mark im Jahre 1976 und 2,50 Mark im Jahre 1985 auf 4,40 Mark im Jahre 1988 ansteigen lassen. Was beim Export an Inlands"wert" bereits verloren ging, wirkte beim Import ein zweites Mal als Quelle ökonomischer Verluste.

Eine Anlage, in der BRD für eine Million DM erworben, mußte vom Käufer in der DDR mit 4,4 Millionen Mark - 1985 wären es noch 2,5 Millionen Mark gewesen - zuzüglich Handelskosten bezahlt und dann selbstredend auch abgeschrieben werden. Der circulus vitiosus liegt auf der Hand, die Ineffizienz im Verkauf wird zum Ausgangspunkt erneuter Verlustwirtschaft.

Eigene Berechnungen ergaben, daß das preisbereinigte physische Volumen der Investitionen im produzierenden Bereich 1987 mit 32,3 Milliarden Mark nicht größer war als im Jahre 1975.

Zwischen 1976 und 1987 ist bedingt durch diese Faktoren real eine durchschnittlich jährliche Preissteigerung für Ausrüstungen und Bauleistungen um 5,2 % eingetreten. Demgegenüber berücksichtigte die offizielle Statistik nur eine jährliche Preiserhöhung um 3 %. Da gleichzeitig die Preise der Konsumgüter langsamer anstiegen, ist das reale preisbereinigte Verhältnis von Akkumulation und Konsumtion ungünstiger als in der offiziellen Statistik ausgewiesen und belegt die absolute Priorität der Konsumtion in der Honecker-Ära noch mehr.

Tabelle 5:
Anteile am verwendeten Endprodukt

	Offizielle Statistik (Preisbasis 1985)			eigene Berechnungen (Preisbasis 1975)		
	1975	1987	Differenz in Punkten	1975	1987	Differenz in Punkten
Akkumulation (plus Armortisationen)	33,5	30,2	./. 3,3	30,4	25,1	./. 5,3
Konsumtion	66,5	69,8	+ 3,3	69,6	74,9	+ 5,3

Der Verlust an Wirtschaftskraft wurde immer unübersehbarer. Geradezu beschwörend forderte Honecker auf der 7. Tagung des ZK der SED im Dezember 1988, die Akkumulationskraft der produzierenden Bereiche als eine herangereifte Aufgabe von höchster volkswirtschaftlicher Priorität zu stärken. Genausogut hätte er den Wirtschaftsplanern die Lösung der Quadratur des Kreises abverlangen können.

Am Lebensstandard der Bevölkerung durfte offiziell nicht gerüttelt werden. Die Fälligkeiten zur Kredittilgung und Zinszahlung in der Außenwirtschaft nahmen zu und forderten den Einsatz von immer mehr Inlandprodukt. Aber gleichzeitig sollte auch noch mehr akkumuliert werden. In dieser Triade der Verwendung des Endprodukts mußte die Akkumulation das Stiefkind bleiben.

In dieser ausweglosen Lage wurden eiligst Beschlüsse zur Stärkung des Industriebaus gefaßt und der berühmt-berüchtigte Bereich Kommerzielle Koordinierung zum Einsatz seiner finanziellen Möglichkeiten für den Import moderner Technologien herangezogen. Tatsächlich konnte das Investitionstempo besonders in den beiden letzten Jahren wieder etwas gesteigert werden, wobei durchdie erwähnten verdeckten Preissteigerungen die ausgewiesene wertmäßige Steigerung den Zuwachs an Leistungsvermögen des Kapitalstocks nicht annähernd widerspiegelte. In vielen Betrieben konnte die einfache Reproduktion des Bruttoanlagevermögens (Kapitalstock) nicht gesichert und das Leistungsvermögen der Maschinen, Ausrüstungen und Anlagen nicht einmal gehalten werden. 1988 trat die kuriose Situation ein, daß der gesamte reale Produktionszuwachs der Industrie in Höhe von 16,7 Milliarden Mark um rd. 700 Millionen Mark niedriger war als der statistisch ausgewiesene Zuwachs aus Investitionen. Wurde im Zeitraum von 1981 - 1985 noch ein "Anteil des Produktionszuwachses aus in Betrieb genommenen Investitionen" von 74 % ausgewiesen, so stieg er über 76% im Jahre 1986 auf 90 % im Jahre 1987 und schließlich auf 104 % im Jahre 1988.

Während die verringerte Akkumulation die materiell-technische Basis der Wirtschaftskraft schwächte, kam es durch die Art und Weise der Konsumtion zu einer zunehmenden Verringerung der Leistungsmotivation des Menschen. Der widersprüchliche Prozeß zwischen individueller und gesellschaftlicher Konsumtion war schon mit dem vom IX. Parteitag der SED beschlossenen Parteiprogramm vorgezeichnet worden. Einerseits wurde darin auf die konsequente Durchsetzung des Leistungsprinzips als Grundprinzip der Verteilung im Sozialismus orientiert. Dementsprechend sollte sich "... die Erhöhung des materiellen und kulturellen Lebensniveaus der Werktätigen auch weiterhin hauptsächlich über das Arbeitseinkommen als wichtigste Einkommensquelle vollziehen." [6] Andererseits entsprach es dem Sozialismusverständnis, daß "... bei der Erhöhung des Realeinkommens die gesellschaftlichen Fonds eine zunehmende Bedeutung erhalten. Sie werden schneller als die Lohn- und Prämienfonds wachsen und vor allem für Maßnahmen zur Entwicklung des Gesundheits- und Sozialwesens, der Volksbildung, der Kultur und des Sports verwendet." [7]

Eines schloß das andere aus. Tatsächlich rascher entwickelten sich die für die Bürger unentgeltlichen bzw. hochsubventionierten Leistungen der gesellschaftlichen Konsumtion und die Subventionen für Waren und Leistungen des Grundbedarfs der Bevölkerung, während die Arbeitseinkommen in Form von Löhnen demgegenüber zurückblieben und die Prämienfonds seit Anfang der 80er Jahre stagnierten.

Vieles, was der Verbesserung der Lebensqualität diente, wohin sich die Bedürfnisse der Menschen entwickelten, erforderte wachsende Leistungen des Staates. Das trifft für den Wohnungsbau und die Wohnungswirtschaft - in der DDR keine Erwerbs-, sondern Zuschußbereiche - ebenso zu wie für das hinsichtlich seiner persönlichkeitsbildende Wirkung und wirtschaftlichen Effizienz fragwürdig überdimensionierte Bildungswesen. Überdurchschnittlich wachsende Ausgaben wurden notwendig auch für das Gesundheitswesen, für Erholung und Freizeitgestaltung, für die Kultur, den Spitzen- und Massensport. Stiegen die Bruttoarbeitseinkommen in der volkseigenen Wirtschaft in dem für diese Entwicklung besonders prägenden Zeitraum von 1980 bis 1988 auf 124,3%, so wuchsen die Aufwendungen des

---

[6] Programm der SED, Dietz-Verlag 1976, S. 24.

[7] Ebenda, S. 24.

Staatshaushaltes für die Durchführung sozialpolitischer Aufgaben (auch ohne Berücksichtigung der sich verdreifachenden Subventionen für Waren des Grundbedarfs, Tarife und Dienstleistungen) ausschließlich überproportional.

Immer mehr wurden die Bürger der DDR über ihren Verbrauch und immer weniger entsprechend ihrer Leistung an den doch nur durch ihre Arbeit geschaffenen Werten beteiligt. Das so oft postulierte sozialistische Leistungsprinzip "Jeder nach seinen Fähigkeiten, jedem nach seiner Leistung" gehörte zu den am meisten mißachteten ökonomischen Gesetzen.

Die soziale Wirkung der beträchtlichen Aufwendungen der öffentlichen Hand muß differenziert beurteilt werden. Die Skala reicht von sozial in höchstem Maße gerecht und auch in der Marktwirtschaft erhaltenswert bis zu schmarotzerhafter Perversion. Die Kompliziertheit besteht gerade darin, daß beide Wirkungen häufig gemeinsam auftraten, da das Maß der Inanspruchnahme unentgeltlicher Sozialleistung in starkem Maße von der subjektiven Moralauffassung abhängt. Die Sozialgesetze der DDR waren akzeptabel für den tatsächlich Kranken, den Hilfebedürftigen, den gering Verdienenden, aber sie waren nicht gemacht für den notorischen Hypochonder, für den Arbeitsbummelanten und Arzneimittelsüchtigen. Sie waren richtig für die Unterstützung Alleinerziehender, aber nicht dafür gedacht, ganz normal bestehende Ehen als Lebensgemeinschaften auszugeben.

Mit diesen Problemen muß wohl jede Kulturnation fertig werden. Unzweifelhaft verfügen aber marktwirtschaftliche Ordnungen über geeignetere sozialökonomische Instrumentarien zur Verhinderung des Mißbrauchs sozialer Sicherheiten. Fragwürdig war die ständig gestiegene Subventionierung der Preise für Waren des Grundbedarfs, Dienstleistungen, Tarife und Mieten. Es gab und gibt im Grunde genommen wenig vernünftige Argumente dagegen, den Bürgern der DDR die dafür vom Staatshaushalt ausgegebenen Mittel zur eigenen freien Verfügung zu überantworten. Wenn diese Mittel in der Vergangenheit in steigenden Arbeitseinkommen - natürlich auch in Renten, Stipendien usw. - wirksam geworden wären, welche Leistungsmotivationen hätten damit erreicht werden können? Wie viel an Vergeudung, Mißbrauch und Verlusten für die DDR hätte vermieden werden können? Brot und Nährmittel an Tiere zu verfüttern, verschwenderisch mit Elektro- und Wärmeenergie umzugehen, über den eigenen Bedarf hinaus Wohnraum in Anspruch zu nehmen und durch Nachvermietung auf Staatskosten noch Gewinne einzustreichen und umfangreiche Abkäufe subventionierter Waren durch Ausländer in Größenordnungen hinzunehmen, war weder ökonomisch sinnvoll noch sozial gerechtfertigt. Der Grundgedanke von Subventionen, daß die entstehenden sozialen Effekte so günstig sind, daß die Tatsache der Beeinträchtigung der Äquivalenz von Leistung und Verbrauch überkompensiert wird, spielte in der DDR letztendlich keine Rolle mehr. Sie waren nur noch Ausdruck des fehlenden Vermögens der politischen Führung zur Korrektur eigener Standpunkte.

Die weit überhöhte Subventionierung in der DDR löste zugleich volkswirtschaftlich negative Sekundäreffekte aus. Der hohe Verbrauch an Grundnahrungsmitteln erforderte unnötige Aufwendungen an Arbeitsleistung und Investitionen sowie für die Bereitstellung von mineralischen Düngemitteln, Fungiziden und Herbiziden. Da durch erhielt Quantität auch hier wie in vielen anderen Bereichen den Vorrang vor Qualität. Zur höheren Veredlung pflanzlicher und tierischer Rohstoffe fehlte dagegen die Kraft.

Negative Sekundäreffekte traten auch auf dem Energiesektor ein. Der rasch ansteigende Verbrauch an Elektroenergie - der Bevölkerungsverbrauch stieg seit 1970 bis 1988 auf 245 %, der der Industrie nur auf 152 % - erforderte über die für die Beibehaltung des Bevölkerungstarifs von 8 Pfennig je Kilowattstunde notwendigen Subventionen hinaus bedeutende Vorleistungen an Investitionen und führte zu wachsender Umweltbelastung. In ökologischer und in bestimmtem Maße auch ökonomischer Hinsicht vertretbar war am ehesten die Subventionierung der Tarife für öffentliche Verkehrsmittel. Der niedrige Bevölkerungstarif für Wärme und Wasser dagegen regte weder zum sparsamen Verbrauch noch zum Einsatz von energiesparenden Lichtquellen und elektrisch betriebenen Geräten (Kühlschränke, Waschmaschinen, moderne Fernsehgeräte) an. Statt dessen wurde durch ständig steigende Preise für solche Konsumgüter ein ökonomisch sinnvoller Ausstattungswandel bei der Bevölkerung behindert und ein international weit überhöhter Ersatzteil- und Reparaturaufwand ausgelöst.

Zu den Sekundäreffekten der Subventionierung ist deshalb unbedingt auch die Nachfragedämpfung auf dem inneren Markt zu zählen, die durch hohe produktgebundene Abgaben und damit weit über den Kosten liegende Verbraucherpreise, z. B. für Erzeugnisse der Unterhaltungselektronik, entstand. Diese hohen Abgaben waren zum Ausgleich der Subventionen unumgänglich. Insgesamt wurde der DDR-Bürger durch die Subventionspolitik zu einem ressourcenaufwendigen Lebens- und Verbrauchsstil animiert. Ein Mitte der 80er Jahre durchgeführter internationaler Vergleich belegt diese Tatsache.

Dieser Vergleich ist umso bemerkenswerter, als in der DDR durch die subventionierten Preise der Ausgabenanteil für Grundbedürfnisse niedriger ausgewiesen wird. Würde die Verbrauchsstruktur der DDR in Preisen ermittelt, wie sie in marktwirtschaftlichen Ordnungen üblich sind, läge dieser Ausgabenteil für Grundbedürfnisse noch wesentlich höher.

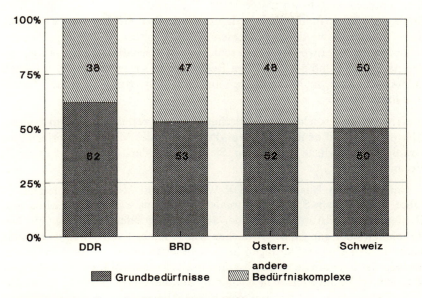

Abbildung 2: Anteile an den Verbraucherausgaben

IV. Strukturpolitik - Tummelplatz für Subjektivismus der SED-Führung

Unter den Faktoren, die die wirtschaftliche Effizienz der DDR gravierend beeinflußten, nimmt die verfehlte Strukturpolitik der SED sowohl unter Ulbricht als auch unter Honecker unzweifelhaft einen besonderen Platz ein.

Moderne leistungsfähige Industriegesellschaften erlangen einen Gutteil ihrer Effizienz aus fortwährenden strukturellen Veränderungen. Sie vollziehen sich über das beschleunigte Wachstum oder den Niedergang, über die Neugründung oder das Ausscheiden von Unternehmen aus dem Wirtschaftsprozeß. Für sie gilt, bei Strafe ihres Untergangs, sich ständig vorausschauend veränderten Marktbedingungen anpassen zu müssen. Volkswirtschaften, deren Unternehmen diesem Zwang nicht unterliegen und die - wie in der DDR - demzufolge auch keinen Bankrott der Unternehmen kennen, bezahlen unterlassene strukturelle Anpassungen mit dem Verfall ihrer internationalen Wettbewerbsfähigkeit, ihrer Währung und schließlich mit dem Staatsbankrott.

Die Notwendigkeit ständiger struktureller Veränderungen leitet sich aus einer Vielzahl unterschiedlichster Faktoren ab. Der wissenschaftlich-technische Fortschritt steht an erster Stelle. Weltpolitische und regionale Konflikte oder Entspannung haben darauf Einfluß. Politische und wirtschaftliche Bündnisse werden geschlossen oder aufgelöst. Rohstoffquellen erschöpfen sich oder werden neu erschlossen. Wirtschaftsregionen mit günstigen natürlichen und geografischen Bedingungen sowie Billiglöhnen entwickeln sich rascher, andere verlieren an Bedeutung. Konjunktur und Rezession lösen sich ab.

Die Vielzahl solcher stochastischer Prozesse reflektiert sich in konzentrierter Weise auf dem Markt. Wer die Signale des Marktes ignoriert, muß unweigerlich Verluste hinnehmen. Sie zu vermeiden, erfordert strukturelle Veränderungen.

Eine kritische Bilanz der DDR-Wirtschaft im Verlauf der letzten 20 Jahre muß zu dem Schluß des totalen Versagens auf strukturpolitischem Gebiet kommen. Auf den Weg der Schrumpfung oder Stillegung von Unternehmen oder gar ganzer Branchen wurde nahezu vollständig verzichtet, während sich Umprofilierungen im wesentlichen nur mikroökonomisch innerhalb der Kombinate und selbst dort in bescheidenem Rahmen vollzogen. Reagierte z. B. die BRD sehr nachhaltig auf die Werft- oder die Stahlkrise, unterblieben derartige Anpassungen in der DDR völlig.

Der Bewegungsspielraum der Industrie der DDR war dabei außerordentlich gering, weil die Produktion in hohem Maße auf die Eigenversorgung ausgerichtet war. Immer wieder erwies sich bei einer ins Auge gefaßten Produktionsumstellung im Interesse einer Sortimentsbereinigung, daß ein geeigneter Lieferant in den RGW-Ländern nicht gefunden werden konnte. Selbst mit Spezialisierungsabkommen wurden negative Erfahrungen gemacht. Liefertreue und Qualität ließen vielfach zu wünschen übrig. Wenn die DDR am Ende - um einige Beispiele zu nennen - über ausreichend und qualitativ den Ansprüchen genügende Gabelstapler, Kfz- Batterien oder elektronische Speichermedien verfügen wollte, mußte sie die Eigenerzeugung wieder aufnehmen. Für den Einkauf auf westlichen Märkten fehlten die Devisen. Neben der Eigenversorgung waren langfristige Bindungen umfangreicher Kapazitäten des DDR-Maschinenbaus für Lieferungen in die UdSSR Ursache geringer Ressourcenmobilität. Die langfristig stabilen Verträge boten einerseits nicht zu unterschätzende Vorteile, hatten zugleich aber wegen der geringen innovativen Forderungen des Handelspartners und dessen bestimmenden Gewichtes beträchtliche Nachteile für die Wettbewerbsfähigkeit auf westlichen Märkten.

Zu den Faktoren, die den Weg notwendiger Schrumpfungen oder Stillegungen behinderten, muß auch der mit der Sozialismusauffassung verbundene Anspruch auf Vollbeschäftigung gerechnet werden. Vielfach führte dieser Anspruch bis zur Forderung nach einem traditionellen und ortsgebundenen Arbeitsplatz. Nicht wenige unrentable Betriebe wurden so zu Lasten der Volkswirtschaft am Leben erhalten. Oft machten erst natürliche Bedingungen der Verlustwirtschaft ein Ende. Das war z. B. so bei der erzwungenen Einstellung des Steinkohlebergbaus und bei den erst in jüngster Zeit getroffenen Entscheidungen zur Beendigung des Kupfererzbergbaus. Der Aufwand für die inländische Kupfergewinnung überstieg die Preise auf der Londoner Börse seit langem um ein Mehrfaches. Dennoch wurde die Eigenförderung wider alle ökonomische Vernunft fortgesetzt, bis nicht mehr beherrschbare Wasserführungen eintraten.

Eigentlich müßte gerade eine zentralverwaltete Planwirtschaft in der Lage sein, ökonomisch notwendige Strukturveränderungen auf lange Sicht und mit einem hohen Maß an sozialer Sicherheit für die Betroffenen zu realisieren. Die Wirtschaftspraxis der DDR bewies das Gegenteil. Subjektivismus, Lokalpatriotismus, Scheu vor der Auseinandersetzung mit den in eine neue Tätigkeit überzuleitenden Menschen, vor allem aber eine gehörige Portion Ignoranz der Rentabilitätserfordernisse hatten daran Anteil. Der Hauptweg zu strukturellen Veränderungen konnte unter diesen Bedingungen nur in der Konzentration des Innovationspotentials - Investitionen und Forschungs- und Entwicklungskapazitäten - auf wachstumsbestimmende Branchen bestehen.

Tabelle 6:
Struktur des Investitionseinsatzes in Prozent

Bereich	1970	1971/75	1976/80	1981/85	1986/88
produzierender Bereich =	(74,1) **100**	(72,1) **100**	(70,3) **100**	(69,3) **100**	(70,2) **100**
davon					
Industrie	59,2	61,8	63,1	70,0	71,1
Bauwesen	4,1	3,6	4,1	2,0	1,8
Land- und Forstwirtsch	16,9	16,3	14,0	11,9	10,0
Transport- u. Nachrichtenwesen	10,8	11,5	11,5	10,3	10,4
übrige Bereiche	9,0	6,8	7,3	5,8	6,7

Bereich	1970	1971/75	1976/80	1981/85	1986/88
nichtproduzierender Bereich =	(25,3) **100**	(27,9) **100**	(29,7) **100**	(30,7) **100**	(29,8) **100**
davon					
Wohnungs- und Kommunalwirtschaft	33,8	39,2	42,0	44,9	42,9
Sozial- und Gesundheitswesen	4,4	4,6	5,5	5,0	3,6
Straßenbau	8,4	7,7	6,0	3,6	2,4
übrige Bereiche	53,4	48,5	46,5	46,5	51,1

Die Entwicklung der Strukturanteile, gemessen am Ausgangsniveau Anfang der 70er Jahre, macht nicht deutlich, was erst internationale Vergleiche offenbaren. Danach lag - trotz aller Rückläufigkeit - der Anteil der produzierenden Bereiche noch immer über dem Durchschnitt führender Industrieländer, so z. B. der BRD, wo nur etwa die Hälfte aller Investitionen auf die produzierenden Bereiche entfällt. Innerhalb derer haben wiederum die infrastrukturellen Einsatzgebiete eine weitaus größere Bedeutung. So liegt der Anteil des Verkehrs- und Nachrichtenwesens - wie die Tabelle 6 ausweist - in der DDR längerfristig bei etwa 11 %, in der BRD aber bei 24 %. Dem ewigen Mangel an Ressourcen versuchte die SED-Führung völlig einseitig mit der Stärkung immer nur der direkten Produktionskapazitäten zu begegnen. Diese Auffassung setzte sich bis in die unmittelbare Produktion hinein fort, in der die sogenannten Hauptprozesse stets den Vorrang vor Investitionen in den Transport-, Umschlags- und Lagerprozessen hatten. Vor allem auf diesem Gebiet hatte die DDR-Wirtschaft entscheidende Produktivitätsnachteile mit beträchtlichen Rückwirkungen auf die Hauptprozesse der Produktion.

Die volkswirtschaftliche Investitionsverteilung macht den bestimmenden Einfluß des SED-Wirtschaftssekretärs Mittag deutlich. Zugunsten der Industrie und des Transport- und Nachrichtenwesens, für die er - neben dem Bauwesen - persönlich zuständig war, wurden die Anteile der Land- und Forstwirtschaft, für die W. Felfe, später W. Krolikowski als Landwirtschaftssekretäre, sowie des Handels, wofür W. Jarowinski als Sekretär des Zentralkomitees der SED verantwortlich war, und schließlich für den Umweltschutz und die soziale Infrastruktur rigoros gekürzt. Insbesondere zwischen Mittag und Felfe kam es deswegen wiederholt zu Spannungen, leitete sich doch aus den wirtschaftlichen Erfolgen der jeweiligen Bereiche in starkem Maße der persönliche Einfluß auf Honecker ab. Felfe konnte dabei aus dem Ertragsaufschwung der Landwirtschaft ab 1984 auf nicht geringe Erfolge verweisen. Umso mehr war Mittag darauf bedacht, die Leistungsfähigkeit der Industrie zu steigern und ihren wachsenden Beitrag am Nationaleinkommen bei jeder Gelegenheit gebührend zu würdigen.

Über der Zwietracht der Mächtigsten blieben die Investitionserfordernisse der in den Territorien zu verantwortenden Bereiche der Dienstleistungen und Versorgungseinrichtungen für die Bevölkerung, der Stadt- und Gemeindewirtschaft, der gesundheitlichen und sozialen Betreuung der Bürger mit verheerenden Rückwirkungen auf die Produktion auf der Strecke, wovon die industriellen Ballungszentren im Süden am stärksten betroffen wurden. Die Verteilung der Investitionen in den 70er und 80er Jahren zeigt, daß die Strukturgewinne der Industrie sich vor allem auf die kapitalaufwendige Grundstoffindustrie, d. h. auf die Kohle- und Energieproduktion, die Chemie und die Metallurgie, konzentrierten, was den Bedingungen der DDR im Grunde völlig zuwiderlief.

Tabelle 7:
Strukturgewinne und -verluste bei Investitionen gegenüber 1970 in den produzierenden Bereichen in Mrd. Mark

	Masch. bau	Elektrotechn. Elektr.	Grundstoffind.	Leicht-/ Lebensmittelind.	Bau-/ Baustoffind.	Land- und Forstwirt.	übrige Bereiche
1971-75	- 0,9	- 3,8	+ 9,0	+2,5	- 1,0	- 1,2	- 4,6
1976-80	+0,5	- 5,2	+11,8	+3,7	+0,1	- 6,9	- 4,0
1981-85	+5,5	- 1,1	+20,8	+2,9	-5,0	-11,8	-11,3
1986-88	+8,4	+0,8	+ 9,1	+3,6	-3,6	-11,2	- 7,1
1971-88	+13,5	-9,3	+50,7	+12,7	-9,5	-31,1	-27,0

Es gehört zu den spezifischen Merkmalen der zentralverwalteten Wirtschaft, daß strukturelle Veränderungen vor allem auf dem Wege der Konzentration der Investitionskraft der Volkswirtschaft auf einige große ausgewählte Programme vollzogen werden. An solchen Programmen hatten die Grundstoffindustrien wesentlichen Anteil, so u. a.
- zum Bau von Kernkraftwerken (22 Mrd. Mark)

- zur tieferen Spaltung von Erdöl und Erhöhung des Anteiles heller Produkte (10 Mrd. Mark)
- zur Ablösung von Heizöl und Importerdgas durch einheimische Energieträger, vor allem Rohbraunkohle (12 Mrd. Mark)
- zur Entwicklung der Veredlungsmetallurgie
- zur Erhöhung der Produktion chemischer Produkte, wie PVC, Methanolbasis, Düngemittel, Wolpryla und Polyurethane.

In diese Programme wurden Unsummen mit überwiegend geringer Effektivität investiert. Strategische Überlegungen traten angesichts wachsender wirtschaftlicher Schwierigkeiten immer mehr gegenüber aktuellen Erfordernissen in den Hintergrund. Die Prärogative der Grundstoffindustrien gründeten sich vor allem auf die wirtschaftspolitische Konzeption, die eigene schmale Rohstoffbasis maximal zu nutzen und einen großen Teil der vor allem aus der UdSSSR importierten Rohstoffe nach kurzer Be- oder Verarbeitung über wenige Produktionsstufen (devisenbringend) zu exportieren. Am prägnantesten kam das im Export flüssiger Energieträger, von großtonnagigen petrolchemischen Erzeugnissen, von Walzstahl und anderen gering veredelten metallurgischen Erzeugnissen zum Ausdruck.

Mit diesen Exporten verschaffte sich die Führung kurzfristig Luft für die Sicherung der Zahlungsfähigkeit der DDR. Solche Geschäfte waren für die DDR in mehrfacher Hinsicht, allerdings nur kurzfristig, vorteilhaft.

Zum ersten ließ sich auf diese Weise ein zu transferablen Rubeln realisierter Import rasch in "harte Währung" ummünzen. Auf dem X. Parteitag der SED im Jahre 1981 konnte Honecker feststellen:

"Gegenwärtig erzielt die DDR im Export die besten Erlöse mit Qualitätserzeugnissen aus den Vorstufen der Produktion. Dem steht eine geringe Rentabilität weiterverarbeiteter Erzeugnisse gegenüber...".[8]

Je geringer der aus der Sowjetunion importierte Rohstoff veredelt wurde, umso günstiger war die Chance, den inneren Aufwand der DDR mit den Exporterlösen zu realisieren. Je höher dagegen veredelt wurde, desto mehr addierten sich die Produktivitätsnachteile der DDR gegenüber dem internationalen Niveau.

Zum zweiten konnten auf westlichen Märkten nur Energieträger, Roh- und Werkstoffe, Zwischenprodukte und Zuliefererzeugnisse gegen cash, d.h. sofortige oder zumindest kurzfristige Bezahlung, realisiert werden. Maschinen- und Anlagenexporte werden dagegen in der Regel auf Ziel verkauft, d. h. gegen spätere Bezahlung. Die DDR konnte sich aber günstige

---
[8] Bericht des ZK der SED an den X. Parteitag der SED, Dietz-Verlag 1981, S.53/54.

Renditen nicht leisten. Sie brauchte zur Sicherung ihrer Liquidität, die Ende 1982 schon einmal zu Ende zu sein schien, das "schnelle Geld". Ganz anders die Bedingungen im Handel mit den RGW-Ländern. Der jährlich angestrebte Ausgleich in den Handels- und Zahlungsabkommen erforderte die unterschiedslose Einbeziehung aller Warengruppen in den Clearingverkehr. Das schnelle Geld war hier also auch mit Ausrüstungs- und Anlagenexporten zu erzielen, ein Grund mehr, die metallverarbeitende Industrie der DDR fast ausschließlich auf den Export in die RGW-Länder zu orientieren.

Zum dritten zog die DDR aus dem Export von gering veredelten Rohstoffen und Energieträgern zwischenzeitlich wesentliche komparative Vorteile aufgrund der RGW-Preisbildungsprinzipien. Im Interesse der Sicherheit ihres Außenhandels einigten sich die RGW-Länder bereits 1959 darauf, die durchschnittlichen Weltmarktpreise der letzten 5 Jahre vor dem laufenden Jahr im gegenseitigen Handel anzuwenden.

Dieses Verfahren sicherte die Nivellierung konjunkturell oder anderweitig bedingter Schwankungen der Weltmarktpreise, keinesfalls trug es aber den zweimaligen Explosionen der Weltmarktpreise für Energieträger und Rohstoffe Mitte und Ende der 70er Jahre Rechnung. Besonders Anfang der 80er Jahre war der Vorteil des auf diese Weise billigen Bezugs von Erdöl und Erdgas aus der UdSSR für die DDR und die anderen Bezugsländer des RGW beträchtlich, lagen doch die Preise für Heizöl, Dieselkraftstoff, Benzin, Benzol und andere Erdölderivate auf einem höheren, dem aktuellen Erdölpreis auf dem Weltmarkt angepaßten Niveau.

Tatsächlich gelang es zwischen 1981 und 1985 durch die Ausnutzung dieser Effekte, den sogenannten "Sockel", wie die aufgelaufene Verschuldung in harter Währung partei- und regierungsamtlich bezeichnet wurde, zu stabilisieren und zeitweise zu reduzieren. In fieberhafter Aktivität wurde in diesen Jahren die Heizölablösung in allen gesellschaftlichen Bereichen durchgepeitscht. Die Förderung von Rohbraunkohle, die seit der 2. Hälfte der 60er Jahre stagnierte, wurde von 258 Millionen Tonnen im Jahre 1980 auf 312 Millionen Tonnen im Jahre 1985 bei sich ständig verschlechternden geologischen Bedingungen mit wachsendem Investitionsaufwand hochgetrieben. War 1980 für die Förderung einer Tonne Rohbraunkohle noch ein Investitionsaufwand von 7,70 Mark nötig, so erhöhte sich dieser Betrag bis 1988 auf 13,20 Mark.

Langfristig hatte die Umverteilung der Investitionskraft zugunsten der Grundstoffindustrien weitreichende und verhängnisvolle Auswirkungen auf die Entwicklung der Volkswirtschaft. So lagen die Gesamtaufwendungen für die Energieträgerumstellung weit höher als für die unmittelbare Freisetzung von Erdölprodukten unumgänglich war. Der Schneeballeffekt erreichte den Heizungs- und Förderanlagen herstellenden Maschinenbau, den Energiemaschinenbau, die Kraftwerke, die Traktionsumstellung im Verkehrswesen und viele andere Bereiche und verschlang eine Unsumme dringend für die Rationalisierung und Modernisierung benötigter Investitionen. Da es sich um eine Substitution von Energieträgern handelte, gewann die DDR-Volkswirtschaft mit diesem Riesenaufwand auch nicht real an Leistungsvermögen, was sich seit 1985 in dem von Jahr zu Jahr abnehmenden Wachstumstempo zeigte. Vor allem war mit dieser Entwicklung auch eine rasante Verschlechterung der Umweltsituation verbunden.

Der Preis für die Gewinnung kurzzeitiger Vorteile für die Zahlungsbilanz war hoch. 1985 hatte die DDR ausgehend von den o.g. RGW-Preisbildungsprinzipien schließlich den höchsten Bezugspreis für Erdöl zu bezahlen, während der Weltmarktpreis inzwischen wieder gefallen war. Das Lamento der Parteiführung über den Verfall der Weltmarktpreise war heuchlerisch. Was zuvor an zeitweiligem Vorteil gewonnen war, kehrte sich spätestens ab 1986 in das - vorhersehbare - direkte Gegenteil um. Der Verkauf von Erdölprodukten erwies sich mehr und mehr als Verlustgeschäft. Aber strukturell war die DDR-Wirtschaft nicht auf ein anderes Warenangebot für den westlichen Markt vorbereitet.

Die Import- und Exportstrukturen nach Ost und West verfestigten sich unter den Bedingungen verstärkter Ausrichtung auf die Grundstoffindustrien zunehmend. Die einmal geschaffenen Kapazitäten erforderten einen unvermindert hohen Bezug primärer Energieträger und Rohstoffe und die entsprechenden Gegenlieferungen, insbesondere aus der metallverarbeitenden Industrie. Einmal importiert, mußten schließlich die Rohstoffe zur Deckung des Eigenbedarfs bis zur Finalstufe selbst veredelt werden. Strukturbereinigungen, wie sie in entwickelten Industrieländern erfolgten, waren auf dieser Grundlage nicht möglich, und Wachstumsimpulse aus der internationalen Arbeitsteilung blieben weitgehend aus.

Da sich Rohstoffe und Energieträger im Handel der RGW- Länder zunehmend zu "harten Waren" entwickelten, die jederzeit auf westlichen Märkten verkaufsfähig und damit auch gegen modernste Technik eintauschbar sind, mußte sich die DDR das Exportprofil in die UdSSR in starkem Maße vorschreiben lassen. Und dieses Profil war historisch gewachsen stark materialintensiv. So waren vor allem solche Kombinate wie TAKRAF, Schiffbau, Schienenfahrzeuge, Bau- und Keramikmaschinen, Chemieanlagenbau, Umformtechnik sowie Landmaschinenbau in ihrer gesamten Struktur von den Bedürfnissen des sowjetischen Marktes bestimmt. In der DDR wurden so Strukturen konserviert, die immer weniger denen hochentwickelter Industrieländer entsprachen. Es mußte ganz einfach widersinnig sein, daß ein rohstoffarmes Land wie die DDR seinen Bedarf an harter Währung zunehmend durch den Verkauf von gering veredelten Rohstoffen deckte, was eine im internationalen Vergleich überhöhte Energie- und Materialintensität des volkswirtschaftlichen Endprodukts mit sich brachte und sein ohnehin unterentwickeltes Transportwesen durch Massentransporte über Gebühr belastete.

Tabelle 8:
Struktur des Exports in westliche Industrieländer - in Prozent -

	1975	1980	1988
Export in diese Länder gesamt	100	100	100
Erzeugnisse der Grundstoffindustrie	31,2	38,0	40,3
Erzeugnisse des Maschinenbaus und der Elektrotechnik/Elektronik	30,6	34,3	27,8
Erzeugnisse der Leicht- und Lebensmittelind., der Land- u. Forstwirt.	38,2	27,7	31,9

Die Traditionen der DDR als klassisches Maschinenbauland wurden von der SED-Führung zwar nicht selten beschworen, zur Förderung dieses Bereichs wurde aber zu wenig getan. Die Strukturgewinne für den Maschinenbau, wie sie in der Tabelle 7 ausgewiesen sind, lassen nicht erkennen, daß auch im Maschinenbau ein großer Teil der Investitionskraft in wenig effektiven Programmen verlorenging. An erster Stelle ist hier das PKW-Programm mit einem Aufwand von 11 Mrd. Mark, im wesentlichen zur Umstellung zweier veralteter Autotypen vom Zweitakt- auf den Viertaktmotor, zu nennen. Ein Aufwand, der aus dem Blickwinkel der aktuellen Perspektiven für den PKW-Bau der DDR noch fragwürdiger erscheint. Ähnlich ist der Aufwand für das NKW-Programm mit 2,6 Milliarden Mark einzuschätzen.

Auch auf dem Gebiet der Elektrotechnik/Elektronik - ohnehin strukturell vernachlässigt - wurden die möglichen Investitionen auf das Mikroelektronikprogramm mit einem Aufwand von rd. 14 Mrd. Mark allein im Zeitraum 1986 - 1989 konzentriert. Anteil daran hatten vor allem 3 Kombinate, Carl Zeiss Jena, Mikroelektronik Erfurt und Robotron Dresden. Bei der Beurteilung dieser Entwicklung kann eine Reihe ungünstiger Bedingungen für die DDR nicht außer acht gelassen werden. Moderner hochleistungsfähiger Maschinenbau wurde ohne Mikroelektronik immer undenkbarer. Eine Kooperation mit RGW-Ländern versprach wenig brauchbare Ergebnisse und schon gar keinen Tempogewinn. Westlicherseits existierte die

COCOM-Liste mit ihrem Embargo für den Verkauf moderner Technologien in Ostblockländer. Hinzu kam der Devisenmangel. Wohl oder übel war die DDR auf eigene Anstrengungen angewiesen. Das Mikroelektronikprogramm wurde deshalb mit großem propagandistischem Aufwand zu einem Musterbeispiel der Wirtschafts- und Strukturpolitik der SED ungeachtet seiner enormen Kosten hochstilisiert.

Es ist generell das Schicksal von Investitionsprogrammen in einer zentralverwalteten Wirtschaft, daß Aufwand und Ertrag höchst selten in einem vertretbaren Verhältnis stehen. Wer den Vorzug hat, in ein solches Programm aufgenommen zu werden, ist in der einzigartigen Lage, auf Kosten der Gesellschaft an Investitionen nachzuholen, was zuvor über Jahre oder Jahrzehnte zurückstehen mußte. Der gesellschaftlichen Wertschätzung unterlag dann auch immer nur das wissenschaftlich-technische, nicht das ökonomische Ergebnis. Das herrschende Regime feierte Innovationen, wie die Entwicklung des Megabit-Schaltkreises, lange vor ihrer Serienreife als seinen politischen Erfolg. Wer hier nach den Kosten und den verpulverten Investitionen fragte, konnte nur noch als Krämerseele abgestempelt werden.

Zwangsläufig mußten aber unter diesen Bedingungen viele andere Kombinate Investitionsbegrenzungen, weit unter den zur Erhaltung des vorhandenen Kapitalstocks und zu seiner Erweiterung im Interesse einer komplexen proportionalen Entwicklung erforderlichen Bedarf hinnehmen. Im Zeitraum von 1981 bis 1988 wurden rd. 50 Mrd. Mark Amortisationen, das ist etwa ein Jahresinvestitionsvolumen der produzierenden Bereiche, der Erhaltung der vorhandenen materiell- technischen Basis entzogen und für Großvorhaben eingesetzt. Innerhalb ein und derselben Branche, ja eines Kombinates, konnte es sein, daß modernste Betriebe entstanden und andere völlig verfielen. So wurden 1989 z. B. von den 13600 Werkzeugmaschinen der Hauptproduktion des Kombinates Wälzlager und Normteile 7300 Maschinen vollständig abgeschrieben. Von den geringen Investitionszuteilungen waren vor allem die Zulieferer- und Ausrüstungskombinate der metallverarbeitenden Industrie betroffen.

Tabelle 9:
Anteile an den Investitionen der metallverarbeitenden Industrie in %

	1976/80	1981/85	1986/88
Zulieferkombinate	24,6	18,5	19,2
Ausrüstungskombinate (ohne Zeiss, Robotron, NKW)	36,7	28,3	27,1

IV. Strukturpolitik – Tummelplatz für Subjektivismus der SED-Führung

Auch in anderen Industriebereichen, selbst in den gegenüber 1970 strukturbegünstigten, konnte mit den planmäßig zur Verfügung gestellten Investitionen die zur Sicherung der Proportionen zwischen vor- und nachgelagerten Produktionsstufen notwendige Erhaltung und Erweiterung der Baulichkeiten und Ausrüstungen nicht gewährleistet werden. Beispiel dafür ist die Textil- und Bekleidungsindustrie, in der die Vorstufen, vor allem Webereien, hinter der Entwicklung der Finalstufen zurückblieben und so die Produktion qualitativ hochwertiger und modischer Konfektionserzeugnisse, die auch international konkurrenzfähig sein konnten, behinderte.

"Auch in Zukunft müssen wir im Auge behalten, daß die Zulieferproduktion schneller wächst als die Finalproduktion ..." [9] hatte Honecker noch auf dem IX. Parteitag der SED erklärt. In der Praxis vollzog sich das Gegenteil, so wie häufig das Credo der Parteiführung einen eigenartigen Kontrast zur Realität bildete. Insbesondere bei folgenden Zulieferpositionen blieb das Wachstum infolge der Vernachlässigung der Investitionstätigkeit weit hinter den Erfordernissen der Finalproduktion zurück:

Tabelle 10:
Jährliches Produktionswachstum - in Prozent -

	1981 - 1985	1986 - 1988
Armaturen aus Gußeisen	2,9	1,1
Stahlguß	- 0,1	- 2,5
Gesenkschmiedestücke aus Stahl	- 0,1	- 0,4
Pumpen und Verdichter	4,6	1,1
Installationsmaterial	5,5	- 1,5
Lagenholz	- 0,5	- 5,0
Faserplatten	- 1,1	- 0,1
Nähwirk-Fadenverbundstoffe aus Baumwolle und Mischungen	1,4	- 5,2

Das Zurückbleiben der Zulieferproduktion führte zu immer größeren Störungen in der Kontinuität der Produktion und erforderte wachsende Importe, die natürlich nur gegen harte Devisen möglich waren, zuletzt jährlich für mehr als 2 Milliarden DM. War insgesamt also das strukturpolitisch relevante Innovationspotential der Investitionen schon auf Grund der überzogenen Sozialpolitik begrenzt, so wurde mit dem Verfügbaren noch verschwenderisch und ohne strukturelle Gewinne zu erzielen umgegangen.

---
[9] Bericht des ZK der SED an den IX. Parteitag der SED, Dietz-Verlag 1976, S. 58.

Großen Wert legte die SED-Führung in den 70er und 80er Jahren auf die personelle Entwicklung des Forschungspotentials. Ein Aufholen der durchaus eingestandenen Rückstände in bezug auf Produktivität, Qualität und wissenschaftlich - technisches Niveau schien gerade durch verstärkte Anstrengungen auf diesem Gebiet möglich zu sein. So stieg die Anzahl der Forscher und Entwickler in der DDR bedeutend rascher als in der BRD.

Tabelle 11:
Wissenschaftler und Ingenieure   - in 1000 Personen -

	1970	1986	1986 : 1970
DDR	34,1	75,9	222,6 %
BRD	82,5	131,5	159,4 %

1986 kamen in der DDR auf 10000 Einwohner 46 Wissenschaftler und Ingenieure. Das waren mehr als doppelt so viel wie die 22 in der BRD. Ganz berechtigt stellt sich die Frage, weshalb gerade im gleichen Zeitraum die Rückstände gegenüber der BRD nicht abgebaut werden konnten, sondern noch größer wurden. Im wesentlichen sind dafür drei Ursachen maßgebend:

Zum ersten ist es die Innovationsträgheit des Systems der Zentralverwaltungswirtschaft überhaupt, die unter den Bedingungen einer weltweit enormen Beschleunigung von Forschung und Entwicklung und ihrer immer unmittelbareren Kommerzialisierung in den 70er und 80er Jahren besonders nachteilig spürbar wurde. Die Monopolstellung der Kombinate, die Marktungleichgewichte zwischen Angebot und Nachfrage, die Selbstgenügsamkeit in der Fertigung für den Eigenbedarf der DDR und die vergleichsweise geringen Anforderungen an das wissenschaftlich-technische und qualitative Niveau im Export in die RGW-Länder sowie last not least der quantitative Wachstumsfetischismus der Führung setzten die Unternehmen und wissenschaftlichen Einrichtungen nicht jenem Konkurrenz- und Erneuerungsdruck aus, wie er insbesondere in der wirtschaftlichen Auseinandersetzung zwischen den USA, Japan und der EG allgegenwärtig war. Die Kombinate und Betriebe gingen weniger Risiken mit herkömmlicher Produktion ein und konnten damit die Pläne besser erfüllen. Mit der ihm eigenen Logik brachte das Zentralverwaltungssystem immer neue bürokratische Instrumentarien hervor, wie das Pflichtenheft, den Erneuerungspaß oder die Plankennziffer Erneuerungsrate, ohne damit ein der Marktwirtschaft ebenbürtiges Pendant für wirklich effiziente Innovationen

IV. Strukturpolitik – Tummelplatz für Subjektivismus der SED-Führung

zu erhalten. Nachteilig wirkte sich auch die moralische und materielle Geringschätzung kreativer wissenschaftlich-technischer Arbeit sowie die allgemeine Tendenz der leistungsnivellierenden Gleichmacherei aus. Ausdruck des Zurückbleibens gegenüber dem internationalen Niveau ist die rückläufige Zahl der der DDR in der BRD erteilten Patente. Sie sank 1985 gegenüber 1970 im allgemeinen Maschinenbau auf 33 %, in der Elektrotechnik auf 31 %, in der Chemie auf 14% und in der angewandten Physik auf 22 %.

Aus strukturpolitischer Sicht bedeutsam ist die Tatsache, daß die Zentralverwaltungswirtschaft, verstärkt in die Bewältigung aktueller Probleme verstrickt, immer weniger in der Lage war, die nun einmal entscheidend zukunftsbestimmenden Planungen auf den Gebieten der Forschung und Entwicklung und der Investitionen zu koordinieren. Das Thema wurde zum Dauerbrenner der Parteibeschlüsse. Einerseits wurde mit gewaltigem Investitionsaufwand technologisches Niveau ohne Produktivitätsgewinn nur erweitert, weil entsprechende Forschungen unterblieben waren, andererseits fehlten häufig für erfolgversprechende abgeschlossene Forschungen und Entwicklungen die investitionsseitigen Voraussetzungen zu ihrer kommerziellen Nutzung.

Die Kombinate, die für sich durchaus in die fernere Zukunft blicken, aber immer nur an der Erfüllung der Tages-, Dekaden-, Monats-, Quartals- und längstens Jahresaufgaben des Planes gemessen wurden, waren auf rasche Effekte aus. Die Wissenschaftseinrichtungen, vom Hauch der Marktwirtschaft seit Jahrzehnten nicht berührt, sahen die erkundende Grundlagenforschung in unzulässiger Weise hintenangestellt. Das voluntaristische Begehren, in großer Breite internationale "Spitzenleistungen in Spitzenzeiten" zu erzielen, gelang damit jedenfalls nicht.

Zum zweiten trat durch die zunehmende Breite des Erzeugnisprogramms eine enorme Zersplitterung des Forschungs- und Entwicklungspotentials und ein zu geringer Verwertungseffekt der wissenschaftlich-technischen Arbeit ein. Die unzureichende Einbindung in die internationale Arbeitsteilung sowie die international vergleichsweise geringe Lizenznahme hatte objektiv einen hohen Forschungs- und Entwicklungsaufwand und eine aufwendige Erzeugnispflege zur Folge. Wer alles selbst machen mußte, konnte trotz hohen Aufwands nicht gegen Länder bestehen, die infolge hoher Spezialisierung in der Lage sind, den neuesten Stand von Wissenschaft und Technik mit relativ geringem Aufwand in ihre (marktführenden) Erzeugnisse auch durch Vorleistungsimporte einzubringen. Die mangelnde Konzentration ermöglichte statt Innovation immer nur Imitation.

B. „Ökonomische Strategie" in der Nach-Ulbricht-Zeit

Die Auswirkungen einer solchen Politik waren am markantesten in Bereichen mit besonders raschem Entwicklungstempo. So betrug der Rückstand zum fortgeschrittenen internationalen Niveau

. bei verschiedenen elektronischen Bauelementetypen   3 - 8 Jahre
. bei Computern und elektronischen Konsumgütern   5 - 8 Jahre
. bei Erzeugnissen der Nachrichtentechnik   bis zu 15 Jahren.

Große Sortimentsbreite und geringe Produktionsmaßstäbe sind zwei Seiten einer Medaille. In der DDR wurden pro Fabrik ca. 0,5 Mio Stück 256 Kbyt DRAM produziert, während der internationale Schwellenwert bei 120 Millionen Stück lag. Nicht bis zum letzten ausgefeilte Technologien verursachten erhöhten Aufwand. So betrugen in der DDR die Kosten für die Produktion des 256 Kbit Speicherschaltkreises das 15fache des Weltmarktpreises, und die Ausbeute bei hochintegrierten Schaltkreisen erreichte nur 40 - 50 % des internationalen Niveaus. Der Preis für eine CAD/CAM-Station betrug das 10fache des international üblichen.

Diese Effektivitätsverluste setzten sich volkswirtschaftlich fort und verflochten sich. Der DDR-Konstrukteur, Technologe oder Projektant konnte nicht auf das modernste know how, auf die billigsten Vorleistungen zurückgreifen. So zeigte ein Vergleich der Angebote von Firmen aus der DDR und westlichen Industrieländern für ein Investitionsvorhaben im Elektromaschinenbau der DDR die mangelnde Konkurrenzfähigkeit der DDR-Anbieter.

Tabelle 12:
Vergleich von Firmenangaben

	DDR-Firmen	westliche Firmen	Aufwand zum DDR-Angebot in %
Anzahl der Einzelausrüstungen (Stück)	12	6	50
Arbeitskräftebedarf (Personen)	22	10	45
Flächenbedarf (m^2)	517	153	30

IV. Strukturpolitik – Tummelplatz für Subjektivismus der SED-Führung

Zum dritten schließlich war die mangelnde Effizienz des beträchtlich erhöhten personellen Aufwandes für die Forschung und Entwicklung auf deren unzureichende Ausstattung mit modernsten Forschungsmitteln zurückzuführen. Aufschlußreich ist ein Vergleich der Ausgaben für Forschung und Entwicklung je Wissenschaftler und Ingenieur in beiden deutschen Staaten.

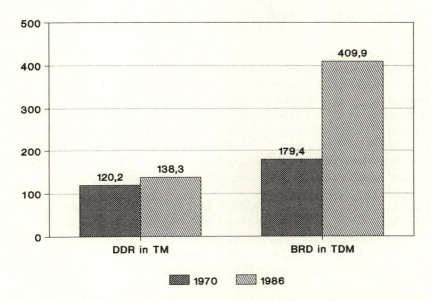

Abbildung 3: Ausgaben für Forschung und Entwicklung je Wissenschaftler und Ingenieur

Dementsprechend überstieg die Forschungsintensität der Produktion der BRD trotz geringeren personellen Einsatzes die der DDR erheblich. Wurden in der Industrie der DDR 1971 - 1986 durchschnittlich 1,6 % der industriellen Warenproduktion für die Entwicklung von Wissenschaft und Technik aufgewendet, so waren es in der BRD im gleichen Zeitraum 2,5 bis 3 % des Umsatzes. In gleicher Weise wie auf dem Gebiet der Investitionen kam es zu einseitigen Konzentrationen des Forschungs- und Entwicklungspotentials. So waren in den Kombinaten Robotron und Carl Zeiss mehr Beschäftigte in Forschung und Entwicklung tätig als in den 13 Zulieferkombinaten und doppelt so viel wie in den 6 Konsumgüterkombinaten der metallverarbeitenden Industrie. Der Anteil der Ausgaben für Forschung und Entwicklung am Umsatz der metallverarbeitenden Industrie betrug in den Jahren 1986 - 1988 z. B.:

Tabelle 13:
Anteil der Ausgaben für Forschung und Entwicklung am Umsatz der metallverarbeitenden Industrie

Konsumgüterkombinate	1,5 %
Zulieferkombinate	2,9 %
Ausrüstungskombinate	3,0 %
Mikroelektronikkombinate	9,8 %
Kombinate Carl Zeiss und Robotron	16,0 %

Die Forschungsintensität ist auch in anderen Ländern zwischen den Branchen unterschiedlich. Das Problem in der DDR bestand darin, daß nur in ausgewählten Kombinaten jenes Maß an Konzentration erreicht wurde, das für Spitzenleistungen notwendig ist, weil ein relativ kleines Land mit einer übermäßig breiten Erzeugnispalette nun einmal nicht auf allen Gebieten mithalten kann. Die internationale Entwicklung beweist, daß mit wachsendem Innovationsgrad der Forschungsaufwand und ebenso der Investitionsaufwand progressiv ansteigt. Solche Aufwendungen übersteigen vielfach die vorhandenen oder schaffbaren Ressourcen selbst großer Konzerne und entwickelter Industrieländer. Deshalb geht mit der Entwicklung und breitenwirksamen Anwendung von Hochtechnologien ein ständig wachsender Prozeß der Bereinigung des Produktionsprofils, der Ausgliederung der Produktion von Einzelteilen, Baugruppen, Vorprodukten und Leistungen aller Art und damit ein zuvor beispielloser Prozeß der Spezialisierung und Konzentration einher.

Am augenscheinlichsten vollzieht sich diese Entwicklung auf dem Gebiet der Mikroelektronik, wo mit steigendem Integrationsgrad die Anzahl der Hersteller im Weltmaßstab im ständigen Absinken begriffen ist. Gegenseitige Abstimmungen und selbst gemeinsame Entwicklungen der großen Konzerne sowie der zunehmende Transfer von wissenschaftlich-technischen Ergebnissen über den Außenhandel sind unter diesen Bedingungen unausweichlich. Risiken solcher gewaltigen Entwicklungen können nur noch gemeinschaftlich getragen werden, wogegen bei der Applikation der Wettbewerb zwischen den Konzernen voll ausgetragen wird. Die Abkopplung der DDR-Wirtschaft von dieser Internationalisierung führte so zu wachsenden Disproportionen zwischen den geförderten und den übrigen Zweigen. Darüber hinaus wurde entsprechend der offiziellen Linie viel Kraft auf die sogenannte NSW-Importablösung[10] konzentriert.

---

[10] NSW-Importe = Importe, die Hartwährung erforderten / NSW = Nicht-Sozialistischer Warenmarkt.

Auf diese Weise wurde vielfach "das Fahrrad zum zweiten Mal erfunden" und der Nachtrab zum internationalen Niveau vorprogrammiert.

V. Ungenügende Arbeitsteilung und kurzsichtige Außenhandelskonzepte - ständige Quelle für Verluste und Ineffizienz

Ein spezifisches Kapitel verfehlter Strukturpolitik waren die Autarkiebestrebungen der früheren Führung. Die Teilung der Arbeit, von Karl Marx als mächtige Triebkraft der Produktivität hervorgehoben, orientierte sich in der DDR an falschen Kriterien.

Die Ursachen dafür waren ebenfalls wieder primär systembedingt. Rentabilitätszwänge, die vom freien Markt ausgehen und den Prozeß der Produktions- und Strukturbereinigungen, der Spezialisierung und Kooperation mit dem Ziel der Verringerung der Kosten fördern, waren für die volkseigenen Kombinate und Betriebe mit den durch die Planwirtschaft gesetzten Prioritäten weitgehend ausgeschaltet. Im Gegenteil, das Wirtschaftssystem der DDR orientierte in der Tendenz einseitig und undifferenziert auf ein hohes Wachstum der Produktion, gemessen in zu DDR-Preisen aggregierten Kennziffern. Es ist mit solchen Kennziffern aber so - wie ein sowjetischer Ökonom schrieb, - als ob die Leistung eines Kraftwerkes an der verfeuerten Kohle gemessen würde. Erweiterte Kooperationsbeziehungen und Arbeitsteilungen wurden dementsprechend nicht unter dem Gesichtspunkt verringerter Kosten und erhöhtem Gewinn eingegangen, sondern vielmehr mit dem Ziel, einen Vorteil für das ausweisbare Produktionswachstum zu erlangen. Bekannt sind zweistellige Zuwachsraten der Warenproduktion, z.B. des Kombinats Fortschritt Landmaschinenbau, vor allem resultierend aus der Kooperation mit Ungarn, die dennoch zu keinerlei Erhöhung der Anzahl der verteilbaren Maschinen führten.In dem insgesamt widersprüchlichen Prozeß der Gestaltung der Arbeitsteilung spielten jedoch weder Rentabilitätskriterien noch solcherart scheinbarer Produktionszuwachs die entscheidende Rolle. Einer ökonomisch effektiven Arbeitsteilung wirkten zunehmende Kapazitätsengpässe und Defizite entgegen. Das zwang die Unternehmen immer mehr dazu, materiell-technische Voraussetzungen für die Aufrechterhaltung und Erweiterung ihrer Produktion selbst zu schaffen. Verstärkt wurde dieser Prozeß durch die Gestaltung der Kombinate zu sich selbst reproduzierenden Organismen. Die Spezialisierung und Arbeitsteilung wurde überwiegend auf den Kombinatsrahmen eingeengt und zweigübergreifend eingeschränkt. Zugleich wurden die Kombinate wegen ihrer

Monopolstellung durch die zentrale Planung für die Versorgung aller potentiellen inländischen Abnehmer mit den Erzeugnissen ihrer Produktion verantwortlich gemacht. Während sich in einer Marktwirtschaft jeder Verbraucher mit seinen Bedarfswünschen auf den Markt begibt und hier unter konkurrierenden Anbietern auswählen kann, hat der Verbraucher in der zentralverwalteten Wirtschaft immer nur die Wahl zwischen Eigenfertigung oder Zuteilung. Die sich objektiv vollziehende Diversifizierung des Sortiments, insbesondere in der metallverarbeitenden Industrie, stellte bei wachsender Devisenschwäche des Landes sowohl die Verbraucher als auch die für die Versorgung zuständigen Kombinate vor die Notwendigkeit der zunehmend breiteren Eigenfertigung. Damit einher gingen die weitere Zersplitterung der ökonomischen Möglichkeiten und erhebliche Kostenerhöhungen. Mittel für Investitionen und wissenschaftlich-technisches Potential sowie die nach Maßstäben sozialistischer Planwirtschaft zu geringen Materialfonds und Arbeitskräfte wurden so in ökonomisch nicht vertretbarem Maße zersplittert.

Einschätzungen besagten, daß die metallverarbeitende Industrie der DDR 65 % des Weltsortiments produzierte, dem in den USA ein Anteil von 50 % und in der BRD von 17 % gegenüberstand. Die Verbreiterung der Produktionspalette vollzog sich daher nicht allein innerhalb der Kombinate, sondern führte auch zur Ausweitung der Zahl der Produzenten innerhalb bestimmter Erzeugnisgruppen. So erhöhte sich seit 1978 im Verlauf von 10 Jahren die Anzahl der an der Produktion beteiligten Betriebe bei einer repräsentativen Auswahl von

Ausrüstungspositionen	von	603 auf	789
Zulieferpositionen	von	997 auf	1200
Konsumgüterpositionen	von	391 auf	576.

Das jährliche Produktionsvolumen je Betrieb erhöhte sich bei den untersuchten Erzeugnissen von 5,7 Millionen Mark auf 7,5 Millionen Mark, das war eine Steigerung auf 131,6 %. Unter Berücksichtigung der Steigerung der Industrieabgabepreise auf rd. 150 % war in Wirklichkeit das physische Produktionsvolumen je Erzeugnis und Betrieb gesunken. Im Jahre 1978 lag das Produktionsvolumen je Erzeugnisposition in 64 % der Betriebe unter einer Million und betrug im Jahresdurchschnitt 290.000 Mark. 1987 lag die Produktion noch in 51 % der Betriebe je Erzeugnis unter einer Million Mark. Ihre durchschnittliche Jahresproduktion sank trotz Preissteigerungen auf 270.000 Mark.

Die zunehmende Akkumulationsschwäche der Wirtschaft und die wachsenden Exporte führten zu einer immer geringeren Befriedigung des inländischen Bedarfs bei vielen Erzeugnissen. Das zwang die Wirtschaft in immer stärkerem Maße, zur Selbsthilfe aufzufordern. In steigendem Umfang für die Bezahlung der verteuerten Rohstoffimporte gefordert, war vor allem der Maschinenbau immer weniger in der Lage, das Inland mit Investitionsgütern, vor allem zur Rationalisierung der Produktion, zu versorgen. Dementsprechend propagierte die SED-Spitze, zuallererst für den verstärkten Eigenbau von Rationalisierungsmitteln zu sorgen. Konnten sich die traditionell Ausrüstungen herstellenden Kombinate noch am besten behelfen, so waren vornehmlich in der Leicht- und Lebensmittelindustrie die Voraussetzungen denkbar ungünstig. Was spezialisierte Maschinenbaubetriebe mit einem Bruchteil an Aufwand vermocht hätten, mußte in solchen Kombinaten und Betrieben mit weit größeren Anstrengungen und zu Lasten der eigentlichen Produktionsaufgaben realisiert werden. Die Schwierigkeiten waren mannigfach. Erfahrene Facharbeiter aus metallverarbeitenden Berufen waren ebensowenig vorhanden wie ingenieurtechnisches Personal und entsprechende Ausrüstungen und Werkzeuge. Hinzu kam, daß z. B. Textilbetriebe zwar Geschäftsbeziehungen zu anderen Unternehmen der Textilbranche, dagegen aber wenig Erfahrungen besaßen, um ihren Rationalisierungsmittelbau mit Walzstahl, Elektromotoren, Normteilen oder Hydraulik zu versorgen. Bei solchen Erzeugnissen die Versorgungsanteile zu erhalten, war in einer nahezu total verplanten Wirtschaft mit einem gewaltigen Kraftakt verbunden.

Trotz aller Probleme hat sich die Produktion hausgefertigter Rationalisierungsmittel beträchtlich erhöht. Sie wuchs von 1.148 Mio Mark im Jahre 1975 über 3.759 Mio Mark im Jahre 1980 auf 14.317 Mio Mark 1988. Damit erlangten die Leistungen aus dem eigenen Rationalisierungsmittelbau zunächst eine immer größere Bedeutung für die Bereitstellung der Ausrüstungsinvestitionen. 1985 wurde mit 18 % der höchste Anteil selbst gefertigter Ausrüstungen an den Ausrüstungsinvestitionen erreicht. Der XI. Parteitag der SED beschloß noch, diesen Anteil auf 25 % im Jahre 1990 zu steigern. Ganz abgesehen davon, daß eine solche Steigerung immer unsinnigere Dimensionen annahm und absehbar war, wann ganz normale Serienmaschinen von den Anwendern selbst zu konstruieren und zu fertigen gewesen wären, erwies sich eine solche Zielstellung als absolut unrealisierbar. Die gegenteilige Entwicklung trat ein. Bis 1988 sank der Anteil des eigenen Rationalisierungsmittelbaus an den Ausrüstungsinvestitionen der Industrie auf 16 % ab. Stellten 1980 noch 48 % der Leistungen des eigenen Rationalisierungsmittelbaus Ausrüstungsinvestitionen dar, so verringerte sich dieser Anteil für 1985 auf 41,3 %. Im gleichen Zeitraum stiegen dagegen die Leistungen für Generalreparaturen von 4,4 % auf 7,9 % und für laufende Instandhaltungen von 19,6 % auf 26,7 % an. Unter den Bedingungen zunehmender Bilanzdefizite blieb vielen Kombinaten und

Betrieben nichts anderes übrig, als sich selbst mit Zulieferungen, sogar teilweise mit universell einsetzbaren Normteilen zu versorgen. So wurden 1988 profilfremd Schrauben von 9 Kombinaten, Muttern und Relais von 7 Kombinaten, Elektroinstallationsmaterial und Niederspannungsschaltgeräte von 11, Pumpen von 8, Kontaktbauelemente von 10 und elektrische Spezialausrüstungen für Straßenfahrzeuge sogar von 21 verschiedenen Kombinaten produziert. Der Anteil der Produktion von Zulieferungen hat sich in einer Reihe von Kombinaten der Finalproduktion ständig erhöht. Seit 1983 entwickelte er sich z. B. im

PKW-Kombinat	von 54,9 % auf 57,4 %
Haushaltsgerätekombinat	von 11,9 % auf 14,2 %
Kombinat "7. Oktober"	von 21,6 % auf 35,0 %
Kombinat "Fritz Heckert"	von 28,5 % auf 36,0 %.

Teilweise ging das zu Lasten der kombinatstypischen Finalproduktion. So sank der Anteil der Produktion von Ausrüstungen von 1983 bis 1988 im

Kombinat "7. Oktober"	von 70,8 % auf 55,3 %
Fritz-Heckert-Kombinat	von 64,8 % auf 57,5 %.

Den Gipfel der Selbsthilfe und das extremste Beispiel der Vergeudung der Ressourcen bedeutete die Orientierung des X. Parteitages der SED, in großer Breite zur Eigenfertigung industrieller Roboter überzugehen. 1987 wurden in der DDR in ca. 700 Betrieben, das sind rund 20 % aller Industriebetriebe, Roboter gebaut, davon in 198 Betrieben 1309 prozeßflexible Industrieroboter für Beschickung und technologische Industrieroboter. Alle diese Betriebe lernten "von der Pike an", Roboter zu bauen. Sie mußten Forschungs- und Entwicklungsarbeit leisten, investieren, Zulieferbeziehungen organisieren und Arbeitskräfte qualifizieren, um diese Produktion aufzubauen und zu betreiben. Im Durchschnitt produzierten diese Betriebe 1987 - inzwischen zu einiger Erfahrung und Fertigkeit gelangt - 6,6 Roboter. Weltweit wird der Markt bei Industrierobotern - nach internationaler Definition mit mindestens 3 programmierbaren Achsen - von nur 45 Firmen beherrscht. Das sind überwiegend auf Roboter spezialisierte Klein- und Mittelbetriebe zwischen 100 und 800 Beschäftigten. Diese 45 Betriebe haben zwei Drittel des bisher installierten Bestandes an Industrierobotern insgesamt produziert. Das Kapitel uneffektiven Ressourceneinsatzes und der Kräftezersplitterung im Inneren ist nicht abzuschließen, ohne auf die Eigenfertigung von Konsumgütern in allen produktionsmittelherstellenden Kombinaten hinzuweisen. Als Maßstab hatte die SED-Führung einen Mindestanteil von 5 % an der Gessamtproduktion festgelegt.

V. Ungenügende Arbeitsteilung, kurzsichtige Außenhandelskonzepte

Zweifellos sind infolge des Fehlens marktwirtschaftlicher Zwänge mit solchen Orientierungen auch einige Ergebnisse erreicht worden, ohne die der Geldüberhang der Bevölkerung noch beträchtlicher und die Angebotspalette noch dürftiger ausgefallen wären.

Was jedoch in führenden westlichen Konzernen organisch gewachsen und dem technologischen Profil angepaßt entstanden war, wurde in der DDR zur Zwangsjacke. Mit teilweise primitiven Produkten und, wenn möglich, materialintensiven Kooperationen wurde nach prozentwirksamen Effekten gehascht. Vielfach waren solche "Füllproduktionen" mit höheren Kosten verbunden, als das in spezialisierten Konsumgüterbetrieben der Fall gewesen wäre.

Die ineffiziente Arbeitsteilung im Innern ist zugleich Ursache und Folge der ungenügenden Einbindung der DDR- Wirtschaft *in die internationale Arbeitsteilung.* Für die Teilnahme am Welthandel gilt im allgemeinen, daß je kleiner ein Land und je entwickelter seine Industrie, desto größer die Notwendigkeit der Wandlung der erzeugten Gebrauchswerte im Ex- und Import ist. Große Volkswirtschaften sind mit umfangreichem Eigenpotential, das bei entsprechend großem Binnenmarkt eine breite Erzeugnispalette gestattet, dagegen weniger auf die Teilnahme an der internationalen Arbeitsteilung angewiesen. In welchem Maße die DDR hier noch Nachholebedarf hat, zeigt ein Vergleich mit westeuropäischen Ländern.

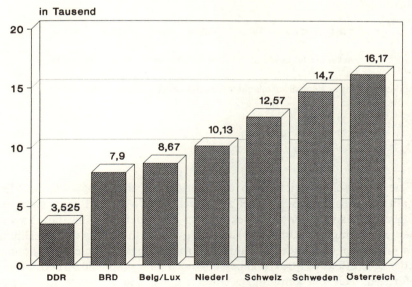

Abbildung 4: Außenhandelsumsatz je Einwohner in Dollar (1987)

Angesichts dieser Verhältnisse bedeutet die Stagnation des Außenhandels der DDR mit den früheren sozialistischen Ländern und die rückläufige Entwicklung mit den Ländern des westlichen Wirtschaftsgebietes seit Mitte der 80er Jahre eine besonders ungünstige Tendenz.

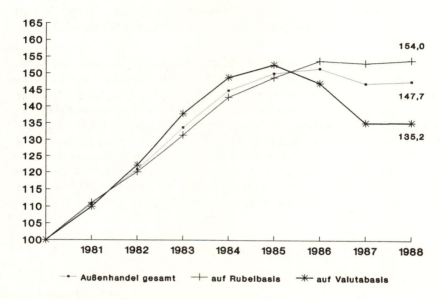

Abbildung 5: Entwicklung des Außenhandelsumsatzes zu effektiven Preisen

Eine an falschen Leitmotiven orientierte Außenhandelspolitik, die den Import vorrangig nur als Mittel zur Beschaffung von im Inland nicht erzeugbaren Waren oder zur Deckung von Bilanzdefiziten und den Export ebenso einseitig als Mittel zur Erlangung von Valuten für die Bezahlung von Importen und anderer Zahlungsverpflichtungen betrachtete, konnte weder eine effektive Strukturanpassung noch eine rationelle Arbeitsteilung befördern. Aus der einseitigen Unterordnung des Außenhandels unter Beschaffungsziele und Zahlungsbilanzzwänge mußte sich das Versiegen

V. Ungenügende Arbeitsteilung, kurzsichtige Außenhandelskonzepte

seiner Wachstumspotenzen ab Mitte der 80er Jahre mit Notwendigkeit ergeben. Im West-Ost-Gefälle der Effektivität hatte sich die DDR zuvor eine komplementäre Außenhandelsstruktur geschaffen. Sie zog Nutzen aus komparativen Vorteilen gegenüber den RGW-Ländern bei Erzeugnissen der verarbeitenden Industrie und gegenüber den hochentwickelten OECD-Ländern aus dem Export relativ niedrig veredelter Erzeugnisse. Diese Struktur bedingte den mit 38 % hohen Anteil industrieller Rohstoffe am DDR-Import, der in der BRD nur 13 % ausmacht. Am Import aus der UdSSR hatten Rohstoffe und Energieträger mit fast 80 % einen so bestimmenden Anteil, daß für eine eigentliche Arbeitsteilung nur ein geringer Spielraum blieb. Seit Beginn der 80er Jahre stagnierte der Rohstoffbezug aus der UdSSR, während die Exporte aus der DDR aufgrund steigender Rohstoffpreise im gegenseitigen Handel noch kräftig zunahmen. Mitte der 80er Jahre war jedoch der Ausgleich vollzogen. Es war weder ein erneutes Anwachsen des Rohstoffbezugs möglich, noch ein erhöhter Maschinenbauexport in die UdSSR wegen der sinkenden Rohstoff- und Energieträgerbezüge nötig.

Außerdem hatte die metallverarbeitende Industrie der DDR die Grenzen ihrer Belastbarkeit durch den Export in die UdSSR bereits überschritten. So verhinderte die begrenzte Leistungsfähigkeit des Maschinenbaus, seine geringe Flexibilität in der Strukturanpassung, bedingt auch durch das unzureichende Investitionsvolumen den - wie die Messen der letzten Jahre zeigten - marktseitig durchaus möglichen höheren Export in das westliche Wirtschaftsgebiet.

Der mangelnde Beitrag der Außenwirtschaft zu einer effektiven Strukturgestaltung und Arbeitsteilung war dennoch trotz aller spezifischen Bedingungen systembedingt. Generell genießt in zentralverwalteten Planwirtschaften die Gebrauchswertwandlung durch den Außenhandel höchste Priorität, steht doch die zentrale Planung mit ihrem Anspruch auf das Außenhandels- und Valutamonopol des Staates beständig unter dem Zwang, das Land mit den verschiedensten materiellen Gütern zu versorgen.

Die Wirtschaftlichkeit kann dabei wie in der gesamten, auch binnenwirtschaftlichen Tätigkeit, nur sekundären Stellenwert erlangen. Unter marktwirtschaftlichen Bedingungen mit konvertierbaren Währungen wird Außenhandel dagegen primär unter dem Gesichtspunkt effektiverer Kapitalverwertung betrieben. Der Gebrauchswertwandel, insgesamt überhaupt nur volkswirtschaftlich erfaßbar, hat für den einzelnen Ex- oder Importeur keine Bedeutung. Es erfolgt nur der Austausch von Ware in Geld und umgekehrt. Dafür setzen die Absatz- und Einkaufsbedingungen auf den äußeren Märkten umso deutlicher die Zeichen für den Wandel der inneren Strukturen.

Wer diese Signale nicht beachtet, muß Verluste hinnehmen. Wer sie für kluge strukturelle Anpassungen nutzt, kann im Außenhandel wachsende Gewinne realisieren. So gelang es der BRD im Zeitraum von 1971 - 1987 aus der Entwicklung der Terms of Trade, des Verhältnisses von Ex- und Importpreisveränderungen, Gewinne in Höhe von 156 Milliarden Dollar zu ziehen. Demgegenüber mußte die DDR im gleichen Zeitraum daraus 22 Milliarden Dollar Verluste, das ist mehr als das gesamte aufgelaufene Schuldenvolumen, hinnehmen.

Die BRD mit teilweise ähnlichen Rohstoffabhängigkeiten war dabei ebenso zweimaligem sprunghaftem Ansteigen der Weltmarktpreise für Rohstoffe und Energieträger ausgesetzt wie die DDR. So kletterten z. B. die Preise für den Import einer Tonne Erdöl für die BRD von

               211 DM im Jahre 1978
    auf 456 DM im Jahre 1980
    und 622 DM im Jahre 1984.

Aufgrund des volkswirtschaftlich großen Gewichts des Erdölimports konnte bei einem Anstieg dieser Preise zwischen 1978 und 1984 auf 295 Prozent auch in der BRD keine positive Entwicklung der Terms of Trade erreicht werden. Die beharrlichen und vielseitigen Anstrengungen zur Einsparung von Energie und zur Substitution von Energieträgern, die u.a. eine Verringerung der Erdölimporte von 142,4 Mio Tonnen (1978) auf 108,4 Mio Tonnen (1984) ermöglichten, führten, nachdem 1985 der Importpreis je Tonne Erdöl wieder auf 255 DM gefallen war, ab 1986 zu positiven Terms of Trade und ganz erheblichen Exportüberschüssen mit von Jahr zu Jahr neuen Rekordwerten.

Tabelle 14:
Entwicklung des Exportüberschusses und der Terms of Trade

	Exportüberschuß in Milliarden DM	Terms of Trade
1984	54,0	96,3
1985	73,4	97,5
1986	112,6	112,2
1987	117,7	116,4
1988	128,0	115,4

V. Ungenügende Arbeitsteilung, kurzsichtige Außenhandelskonzepte

Die Entwicklung in der DDR verlief in dazu diametralem Gegensatz. War es in den Jahren zwischen 1982 und 1985 aufgrund der Ausnutzung der Preisvorteile bei Erdöl mit vergleichsweise hohen Exportüberschüssen im NSW noch möglich, den "Sockel" zu stabilisieren, so trat ab 1986 eine rapide Verschlechterung ein.

Tabelle 15:
Entwicklung des Exportüberschusses und der Verschuldung

	Exportüberschuß in Mrd. Dollar	Verschuldung in Mrd. Dollar
1982	2,9	12,3
1983	2,6	12,0
1984	2,1	11,3
1985	2,3	13,3
1986	0,8	15,7
1987	0,7	16,8
1988	0,1	18,5

Im Jahre 1989 betrug der Importüberschuß schließlich eine Milliarde Dollar. Diese Entwicklung ließ die Alarmglocken für die SED-Führung läuten. Eine weitere Verschuldung war weder politisch noch ökonomisch zu verkraften und schon gar nicht mehr finanzierbar.

Die Einsparung, Ablösung und Verhinderung von NSW-Importen bildete deshalb in jüngster Zeit einen absoluten Schwerpunkt der nur noch sehr kurzatmigen Wirtschaftspolitik. Seit Beginn der 80er Jahre wurden rd. 50 Milliarden Mark allein für Investitionsvorhaben ausgegeben, mit denen Importe aus dem westlichen Wirtschaftsgebiet verringert werden sollten. Damit sollte ein Ausgleich für den forcierten Verfall des Werts der Mark der DDR geschaffen werden. Vor allem infolge der Verteuerungen der Rohstoff- und Energieträgerimporte sowie der verstärkten Erschließung der eigenen Ressourcen waren die Industriepreise im Zeitraum seit 1976 um rund 260 Milliarden Mark erhöht worden. Zunehmende Rückstände in der Produktivität und steigende Fertigungskosten trugen darüber hinaus dazu bei, daß der inländische Aufwand der DDR auf den westlichen Märkten immer weniger Anerkennung fand.

Die sogenannte Devisenertragskennziffer, die den Valutaerlös je Mark Exportproduktion - bewertet zu Inlandspreisen - auswies, verringerte sich wie folgt:

1970	0,536	1985	0,275
1980	0,454	1988	0,246

Um die 16,1 Milliarden Valutamark NSW-Export des Jahres 1988 zu realisieren, war demzufolge ein Inlandsprodukt von 65,4 Milliarden Mark der DDR notwendig, das sind 40 % des im gleichen Jahr produzierten Nationaleinkommens. Mit der Exportrentabilität von 1970 hätte dafür noch ein inländisches Warenvolumen von 30 Milliarden Markgereicht. Eine Schuldenhalbierung, wie sie das SED-Politbüro für die 2. Hälfte der 80er Jahre beschlossen hatte, lag angesichts dieser Entwicklung außerhalb jeder Möglichkeit und widerspiegelt den Verlust der überalterten SED-Führung an Realitätssinn.

So zeugen die Worte Honeckers in einer seiner alljährlichen Beratungen mit den 1. Sekretären der Kreisleitungen der SED, daß die Mark der DDR im Welthandel auch eine Mark wert sein müsse - gemeint war eine DM - ebenso von Unkenntnis wie von Uneinsichtigkeit in die Fehlerhaftigkeit des eigenen Kurses. Die Folgen für die Wirtschaft der DDR und die reale Lebensqualität ihrer Bürger mußten immer beängstigendere Dimensionen annehmen.

VI. Der Verfall des Kapitalstocks

Der wirtschaftliche Niedergang der DDR hinterließ in allen Bereichen der Gesellschaft von Jahr zu Jahr deutlich sichtbarere Spuren am Zustand der Baulichkeiten, der Produktionsanlagen und Ausrüstungen, des Straßennetzes, der ganzen Infrastruktur wie auch in der Umwelt.

Die verringerte Akkumulationskraft, die begrenzte quantitative und qualitative Leistungsfähigkeit der metallverarbeitenden Industrie, der Bauindustrie und der Baumaterialienindustrie hatten zur Folge, daß das wertmäßig und physisch verfügbare Investitionsvolumen immer weniger ausreiche, um den vorhandenen Kapitalstock, in der DDR als Grundmittel und Grundfonds bezeichnet, zu erhalten und ihn erweitert zu reproduzieren.

VI. Der Verfall des Kapitalstocks

Im Zeitraum von 1971 bis 1989 waren in der DDR - berechnet zu Preisen des Jahres 1985 - rund 1,2 Billionen Mark investiert worden. Experteneinschätzungen aus Ost und West besagen, daß zur Heranführung der DDR an das Leistungsniveau der BRD-Wirtschaft Investitionen in Höhe von rund 1 Billion DM notwendig sind. Die Versäumnisse gegenüber dem akkumulierten Volksvermögen müssen als der bedeutendste Verschuldungsfaktor angesehen werden.

Charakteristisch für den desolaten Zustand des Kapitalstocks der DDR war sein - gemessen an internationalen Maßstäben - hoher Verschleißgrad sowie ein hoher Anteil vollständig abgeschriebener Grundmittel. Im Jahre 1988 waren die 1684 Milliarden Mark Kapitalstock der Volkswirtschaft insgesamt zu 45,7 % und der Ausrüstungsanteil von 665 Milliarden zu 55,5 % verschlissen. International beträgt der Verschleißgrad einer der DDR vergleichbaren Ausrüstungsstruktur etwa 45 %, d.h. die Ausrüstungen der DDR-Industrie waren um 10 Punkte stärker verschlissen, wobei zu berücksichtigen ist, daß international die Nutzungsdauer geringer ist und die Abschreibung nach degressiven Verfahren gegenüber der linearen in der DDR rascher erfolgt.

Die unterschiedliche Behandlung der Bereiche der Volkswirtschaft hinsichtlich der Bereitstellung von Investitionen (vgl. Abschnitte III. und IV.) widerspiegelt sich im differenzierten Zustand des Kapitalstocks.

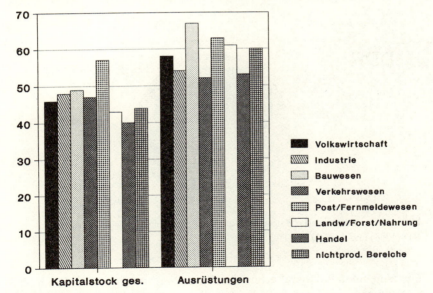

Abbildung 6: Verschleißgrad in %

Das Volumen voll abgeschriebener Ausrüstungen erreichte 1988 rd. 133 Milliarden Mark. Das sind rd. 20 %, während dieser Anteil 1980 noch bei 14 % gelegen hatte.

Beim unzureichenden Stand der Arbeitsteilung und der dadurch erzwungenen Autarkiepolitik konnten diese Grundmittel nicht ausgesondert werden, weil damit nicht ersetzbare Kapazitätsverluste entstanden wären. Sie auszugleichen, hätte den Einsatz der gesamten Investitionen von fast 2 Jahren erfordert.

Die relativ lange Nutzungsdauer - sie betrug in der DDR für Ausrüstungen durchschnittlich 20 Jahre gegenüber 14 Jahren in der BRD - widerspiegelt sich schließlich in einer ungünstigen Altersstruktur.

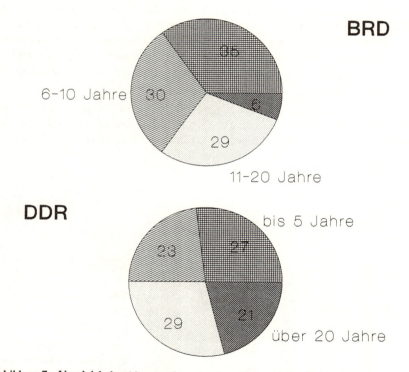

Abbildung 7: Vergleich der Altersstruktur der Ausrüstungen der Industrie der BRD (1988) und der DDR (1989)

Die zunehmende Überalterung der Ausrüstungen zeigt auch ein im Zeitraum zwischen 1977 und 1989 durchgeführter Vergleich in der Industrie.

VI. Der Verfall des Kapitalstocks

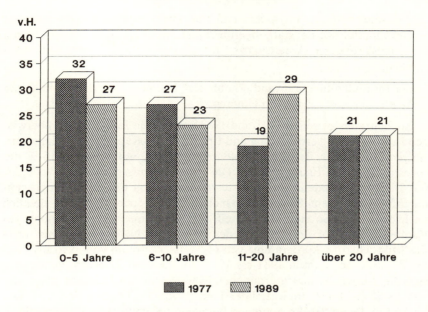

Abbildung 8: Entwicklung der Altersstruktur der Ausrüstungen der Industrie

Die verringerte Investitionskraft hätte in allererster Linie für den Erhalt und die Modernisierung der vorhandenen Grundfonds eingesetzt werden müssen. In den offiziellen Dokumenten der SED wurde auch dementsprechend die "Modernisierung zur Hauptform der Grundfondsreproduktion" erklärt. Die Erwartungen richteten sich dabei vor allem an die Selbsthilfe der Kombinate. Die ehrgeizige SED-Führung konzentrierte dagegen die Investitionen auf aufwendige Programme. Dafür wurden weit mehr Mittel eingesetzt als an Nettoinvestitionen, also Gesamtinvestitionen abzüglich der Abschreibungen, zur Verfügung standen.

Es mußte zu multiplen negativen Auswirkungen kommen:

- statt des immer wieder postulierten intensiven Einsatzes der Investitionen vollzog sich tatsächlich weiterhin eine extensive Ausdehnung des Produktionsfeldes,

- die Erhaltung und Modernisierung vorhandener Grundfonds konnte investitionsseitig nicht in erforderlichem Maße gewährleistet werden,

- die Aussonderung physisch und vor allem moralisch verschlissener Grundmittel wurde stark beeinträchtigt, wodurch eine große Anzahl Arbeitskräfte an Arbeitsplätze mit geringer Produktivität gebunden blieb,

- der Instandhaltungsaufwand erhöhte sich in einem ökonomisch in keiner Weise zu rechtfertigendem Umfang.

Im Zeitraum zwischen 1971 und 1988 wurden die Investitionen überwiegend zur Kapazitätserweiterung und Erhöhung des Kapitalstocks eingesetzt. Im produzierenden Bereich entfielen darauf 84 %, während nur 16 % der Investitionen dem Ersatz dienten. Die Aussonderungsrate betrug lediglich 0,9 %. Die Dependenz geringer Aussonderung von extensiver Programmdurchführung ist am Beispiel der metallverarbeitenden Industrie deutlich nachvollziehbar. So stieg der Anteil der Investitionen zur Erhöhung des Kapitalstocks unter dem Einfluß des PKW- und NKW-Programms sowie des Mikroelektronikprogramms von 65 % im Zeitraum von 1976 bis 1980 auf 81 % in den Jahren 1981 bis 1985. Im gleichen Zeitraum verringerte sich die Aussonderungsrate der metallverarbeitenden Industrie insgesamt von 2,9 % auf 1,5 %, im Mittel der Jahre 1976 - 1987 betrug sie 2,0 %. Dabei waren die an den Programmen beteiligten Kombinate mit einer mittleren Aussonderungsrate von 2,5 % eher in der Lage auszusondern, als vergleichbare Ausrüstungskombinate, die nur 1,9 % erreichten. Demgegenüber erfolgte in der BRD ein überwiegend intensiver Einsatz der Investitionen. So dienten zwischen 1981 und 1985 in der Industrie der BRD rund 75 Prozent der Investitionen dem Ersatz ausgesonderter Grundfonds.

Der vorwiegend extensive Investitionseinsatz in der DDR und der auf Intensivierung, Modernisierung und Aufwandssenkung orientierte Investitionseinsatz in der BRD wird auch durch die unterschiedliche materiell-technische Struktur der Investitionen belegt. Der Anteil der Ausrüstungen ist in der BRD wesentlich höher als in der DDR.

Tabelle 16:
Ausrüstungsanteil an den Investitionen - in Prozent -

	1980	1985	1988
DDR	60	63	71
BRD	74	78	76

VI. Der Verfall des Kapitalstocks

Wesentlich höher ist auch der Anteil der elektrotechnisch- elektronischen Erzeugnisse an den Ausrüstungen. Er betrug in der DDR im Jahre 1987 ca. 18 %, in der BRD waren es 1986 bereits 37 %, davon waren 31 % Erzeugnisse der Büro- und Datenverarbeitungstechnik. Der modernisierte Kapitalstock der BRD weist unter diesen Bedingungen eine weitaus günstigere Zusammensetzung auf als der Ausrüstungsbestand der DDR.

Betrug der Bestand an numerisch und computer-numerisch gesteuerten Maschinen in der metallverarbeitenden Industrie der DDR je 100 000 Beschäftigte 300 Stück, so waren es in der BRD 2600. 1986 besaß die DDR 526 elektronische Datenverarbeitungsanlagen mit einem Operationsspeicher von mindestens 256 Kbyte, die BRD aber 19600. Je 100 000 Beschäftigte waren das in der DDR 6 und in der BRD 78 Anlagen. Diese Gegenüberstellung berücksichtigt noch nicht das unterschiedliche Leistungsvermögen der in beiden Ländern eingesetzten Großrechner, das ein deutliches Plus bei den in der BRD eingesetzten Anlagen hinsichtlich Rechengeschwindigkeit, Speicherkapazität und Zugriffsmöglichkeiten ausweist.

Tabelle 17:
Vergleich der Leistungsfähigkeit der EDV-Anlagen (1986)

	DDR	BRD
Operationen je Sekunde	0,4 Millionen	5 - 50 Mio.
Hauptspeicherkapazität	4 Mega Byte	500 Mega Byte
Kanäle	5	bis 96

Der Bestand an Personal- bzw. Arbeitsplatzcomputern betrug 1986 in der DDR 35 000 Stück, in der BRD 875 000. Das waren in der DDR je 100 000 Berufstätige 393, in der BRD 3472 Stück. Auch hier kennzeichnet der rein quantitative Vergleich nicht die Unterschiede im Leistungsvermögen, sondern auch der verfügbaren peripheren Geräte.

Das gilt analog für den Bestand an Industrierobotern. 1986 betrug er in der DDR 4518, in der BRD über 21 400 und in Japan über 90 000. Das waren je 100 000 Berufstätige in der DDR 133 Stück, in der BRD 145 und in Japan 602. Ihre ökonomische Effizienz wird wesentlich durch ihre Verbindung mit NC- und CNC-Werkzeugmaschinen in flexiblen automatisierten Fertigungssystemen bestimmt und ist wegen des höheren Bestandes solcher Maschinen in der BRD auch höher als in der DDR. Schließlich blieb auch der Ausstattungsgrad der DDR mit CAD/CAM-Systemen weit hinter internationalem Niveau zurück. Verfügte die DDR 1986 über 14 Einheiten je 100 000 Berufstätige, waren es ein Jahr früher in der BRD schon 111 und in den USA 215.

Das unzureichende wissenschaftlich-technische Niveau der Investitionen führte in Verbindung mit dem extensiven Kurs ihres Einsatzes im Zeitraum von 1981 bis 1988 dazu, daß die Zahl der neugeschaffenen Arbeitsplätze die der eingesparten um 18 100 überstieg.

Im unzureichenden Niveau der Investitionen ist schließlich auch begründet, daß der Aufwand für die Einsparung eines Arbeitsplatzes in den produzierenden Bereichen von 3,0 Millionen Mark im Zeitraum von 1981 bis 1985 auf 4,8 Millionen Mark im Jahre 1988 ansteigend, ungewöhnlich hoch war. Die Substitution lebendiger Arbeit durch Technik wurde immer unbezahlbarer, der Ruf nach mehr Arbeitskräften hielt unvermindert an. Diese wurden freilich vor allem in der Instandhaltung gebraucht. Die Zahl der Beschäftigten in der Instandhaltung hatte sich seit 1975 allein in der Industrie um über 75 Tausend erhöht und betrug 1988 mehr als 280 Tausend. Insgesamt erforderten die Instandhaltungsaufwendungen 1988 rund 50 Milliarden Mark, darunter 38 Milliarden Mark für Ausrüstungen und 12 Milliarden Mark für Gebäude und bauliche Anlagen, davon 8,2 Milliarden Mark für das Wohnungswesen. Trotzdem konnte der Instandhaltungsbedarf nicht ausreichend gedeckt werden. Das Tempo des Verschleisses und der Verrottung war nicht aufzuhalten.

In besonderem Maße wurde die materiell-technische Basis der Forschung mit schwerwiegenden Folgen für ihre Leistungsfähigkeit vernachlässigt. Im Bereich der Akademie der Wissenschaften verringerten sich die durchschnittlichen jährlichen Investitionen je Mitarbeiter von 4 800 Mark in den Jahren 1974/75 auf 4000 Mark 1976 bis 1979 und 3300 Mark im Zeitraum 1981 bis 1985. Wie in der Industrie erfolgte dabei eine analoge Konzentration des Potentials auf das der Mikroelektronik. So betrug der Nettowert der Forschungsausrüstungen je Mitarbeiter im Durchschnitt der Akademie 27 000 Mark, in den 3 am Mikroelektronikprogramm beteiligten Instituten jedoch 55 000 bis 79 000 Mark. Vieles, was den Forschern führender Industrieländer mit großer Selbstverständlichkeit als Voraussetzung wirklicher Innovationen zur Verfügung steht, blieb DDR-Wissenschaftlern vorenthalten. Modernste Ausrüstungen, wie Hochleistungsröntgenquellen, Tunnel-Raster-Elektronenmikroskope, akustische Mikroskope oder UHV-Spektrometer fehlten überhaupt oder waren in viel zu geringem Umfang vorhanden, 1986 waren 2/3 der Forschungsausrüstungen der Akademie der Wissenschaften älter als 7 Jahre. Ihr Verschleißgrad hatte sich von 49,4 % im Jahre 1975 auf 69,9 % im Jahre 1987 erhöht.

VI. Der Verfall des Kapitalstocks

Die Kritik der DDR-Wissenschaftler an diesem Zustand wurde in den letzten Jahren immer lauter. Dennoch blieb es bei der Linie, von der schwindenden Akkumulationskraft vornehmlich die unmittelbar produzierenden Bereiche auszunehmen. Die Gewaltenteilung im SED-Politbüro, in dem Mittag über die Verteilung der Investitionen entschied, während Hager, für den Wissenschaftsbereich zuständig, von derartigen Befugnissen ausgeschlossen war, hat darauf wesentlichen Einfluß gehabt. Die Affinität von Wissenschaft und Produktion, die Mittag vor allem in den Kombinaten direkt hergestellt sehen wollte, hat unter diesen Machtverhältnissen nicht wenig gelitten. Mit der einseitigen Ausrichtung auf kurzfristig wirksame Effekte wurde eines der ältesten Theoreme des Wirtschaftswachstums verletzt, wonach für das langfristige Wirtschaftswachstum neben der Rate der Akkumulation die zeitversetzt wirkenden Vorleistungen und materiell-technischen Voraussetzungen entscheidende Bedeutung haben. Neben der Entwicklung der Wissenschaften gilt das in besonderem Maße für die technische und soziale Infrastruktur. Versäumnisse auf diesem Gebiet wirken in der Regel nicht sofort, umso größer war die Versuchung für die stets kurzfristigen Effekten das Primat gebende SED-Führung, der Entwicklung der Infrastruktur immer mehr Mittel zu entziehen. Die Spätfolgen davon werden noch bis weit in die 90er Jahre hinein zu spüren sein und sind gegenwärtig ein Haupthindernis für die Investitionsbereitschaft von Privatunternehmen.

Zu den Bereichen der technischen Infrastruktur, die allmählich immer mehr an Belastbarkeit verloren, gehört das Schienen- und Straßennetz der DDR. 1988 gab es im Streckennetz der Deutschen Reichsbahn aufgrund nicht oder nicht bedarfsgerecht ausgeführter Erhaltungsarbeiten 1180 Langsamfahrstellen mit über 1700 km Länge. Bei 3660 Brücken war die Tragfähigkeit verringert, und auf 224 Brücken mußte die Geschwindigkeit eingeschränkt werden. Der Baureparaturbedarf für den Oberbau wurde in den letzten 10 Jahren nur noch zu 70 % gedeckt. Die zuletzt erbrachten Straßeninstandsetzungsleistungen gingen gegenüber den 70er Jahren auf 41 %, das sind 7 Millionen Quadratmeter pro Jahr, zurück. Dadurch weisen 55 % des öffentlichen Straßennetzes der DDR Schäden auf, die erhebliche Verkehrseinschränkungen erfordern. 18 % des Straßennetzes, das sind 22.000 Kilometer, haben die Zustandsnote IV, womit sie in die Kategorie "kaum noch befahrbar" eingestuft sind.

Im Bereich des Fernmeldewesens kommt zum physischen der hohe moralische Verschleiß hinzu. Die DDR bleibt beim Leistungsumfang und der Leistungsqualität weit hinter den volkswirtschaftlichen Erfordernissen und dem internationalen Niveau zurück. 72 % der Fernsprechortsvermittlungstechnik sind älter als 30 Jahre und fast 100 % älter als 20 Jahre.

Mit 11,2 Fernsprechanschlüssen je 100 Einwohner belegt die DDR den 65. Platz in der Welt. Führende Industrieländer haben 30 bis 63 Anschlüsse je 100 Einwohner. Um internationales Niveau zu erreichen, fehlen in der DDR 7,5 bis 8 Millionen Anschlüsse, einschließlich der entsprechenden Übertragungs- und Vermittlungstechnik. Die mit dem bestehenden Analognetz nur möglichen geringen Übertragungsgeschwindigkeiten und auftretende hohe Fehlerraten machen den Aufbau moderner Informationsdienste praktisch unmöglich. Die durchaus vorhandenen Inseln moderner Informationsverarbeitungstechnik verlieren infolge mangelnder Datenkommunikation auf der Grundlage großer Datenbanken und der Datenfernübertragung an Wirkung und Effizienz.

Demgegenüber wird es in der BRD in naher Zukunft ein flächendeckendes diensteintegriertes digitales Fernmeldenetz geben, an das gegenwärtig bereits die größten Städte der BRD angeschlossen sind. Die dafür notwendigen materiell-technischen Voraussetzungen in Form von Leitungsnetzen, Übertragungstechnik, Software und Rechnern sind in der DDR nur ansatzweise vorhanden.

Die Aufholung des Rückstandes in der Kommunikationstechnik gegenüber der BRD, der zeitlich 12 - 15 Jahre beträgt, erfordert nach Einschätzung von Fachleuten rund 200 Milliarden Mark.

Bei Versorgungsnetzen für Elektroenergie und Gas ist die normative Nutzungsdauer teilweise bereits überschritten. Ihre Leistungsgrenzen sind ausgeschöpft. Stark verschlissen sind die Mittel- und Niederspannungsnetze einschließlich der Trafo-Stationen. Korrosionsschäden an Gasleitungen und deren Unterdimensionierung erfordern umfangreiche Rekonstruktionsmaßnahmen bzw. deren Ersatz.

Nur ein Viertel des Wohnungsbestandes kann bisher mit Fernwärme, aber 71 % der Wohnungen müssen noch mit festen Brennstoffen, davon 48 % mit Einzelofenheizung, versorgt werden. Die Belastungen des Transportwesens und der Umschlagkapazitäten, vor allem auch der Umwelt, sind beträchtlich. Dabei befinden sich auch die Ausrüstungen der bestehenden Fernwärmeversorgungssysteme überwiegend in schlechtem Erhaltungszustand. Desolat ist die Lage im Trinkwassernetz. 52 % der Anlagen haben die normative Nutzungsdauer überschritten. Jährlich treten rund 80 000 Schäden an Trinkwasserleitungen auf, deren Beseitigung 110 Millionen Mark kostet. 60 % der Einwohner der DDR in 1034 von insgesamt 7900 Städten und Gemeinden sind an eine moderne Kanalisation und zentrale Abwasserbehandlung angeschlossen, gegenüber 86,5 % der Bürger der BRD. Ein Drittel der Kläranlagenkapazität ist rekonstruktionsbedürftig, und im Kanalisationsnetz treten jährlich ca. 2000 Schäden auf.

VI. Der Verfall des Kapitalstocks

Widersprüchliche Ergebnisse waren mit der Wohnungs- und Wohnungsbaupolitik der SED verbunden. Bei zunehmender Akkumulationsschwäche blieb der Wohnungsbau als einziger Investitionsbereich uneingeschränkt favorisiert. Wurden in der DDR zwischen 1971 und 1975 jährlich durchschnittlich noch 7.237 Millionen Mark für den Wohnungsbau aufgewendet, so stieg dieser Betrag nach der 1973 erfolgten Verkündung des Wohnungsbauprogramms der SED, das zum Kernstück der Sozialpolitik erklärt wurde, im jährlichen Durchschnitt

von 1976 bis 1980 auf   10.495 Millionen Mark,
von 1981 bis 1985 auf   11.798 Millionen Mark,
von 1986 bis 1988 auf   12.024 Millionen Mark.

Insgesamt wurden zwischen 1971 und 1988 in der DDR 1.915.959 Wohnungen neugebaut. Der Wohnungsbestand erhöhte sich im gleichen Zeitraum hingegen nur um 944.938. Weniger als die Hälfte der neugebauten Wohnungen haben damit den Wohnfonds der Bevölkerung real erhöht. Der Rest ersetzte abgerissene Wohngebäude.

Die Aussonderungsquote betrug in diesem Zeitraum 1,2 %. Das entspricht einer normativen Nutzungsdauer von 79 Jahren und wäre im internationalen Vergleich als durchaus normal anzusehen. Diese Aussonderung ist jedoch weniger das Resultat einer planmäßigen Wohnungsbaupolitik, als vielmehr Ausdruck des Verfalls der Wohnungssubstanz.

Die Führung konzentrierte sich auf eine einseitige Neubaupolitik an der Peripherie der Städte, während die Innenstädte bis auf einige Renommierzentren dem Verfall preisgegeben wurden.

Diese Entwicklung entsprang nicht zuletzt den politischen Absichten der SED-Führung. Die überkommenen städtischen Strukturen mit ihrem "feudalistisch-kapitalistischen Gepräge", mit ihren Geschäftsbauten, Kirchen und Mietskasernen sollten einer neuen sozialistischen Städtebaukultur weichen. Abriß oder Verfall war das Schicksal vieler historisch wertvoller Stadtkerne, wie in Leipzig, Weimar oder Stralsund, noch mehr aber der zu den alten Stadtgebieten gehörenden Außenbezirke. Statt der erforderlichen 14,3 Mrd. Mark Bauproduktion für Baureparaturen und Modernisierungen wurden 1988 nur 8,2 Mrd. Mark aufgewendet. Die ausschließlich quantitative Ausrichtung der Bauleistungen behinderte den Strukturwandel von Montagebau zu Baureparaturleistungen. Die sich in den letzten Jahren drastisch verschlechternde Versorgung des kreisgeleiteten Bauwesens, des Bauhandwerks und der Wohnungswirtschaftsbetriebe mit Maschinen, Fahrzeugen und Material lähmte eigene Initiativen der Städte und Gemeinden in zunehmendem Maße. Besonders schädlich wirkte sich der langandauernde, vom Prestigegedanken diktierte Berlin-Einsatz von Baukapazitäten der Bezirke aus. Dadurch wurden viele gute Absichten zum Wohnungs- und Städtebau, insbesondere in den Südbezirken, zunichte gemacht.

Erst spät besann sich die Führung, auch unter dem Druck der Öffentlichkeit, der Modernisierung vorhandener Substanz überhaupt wieder einen höheren Stellenwert zu geben.

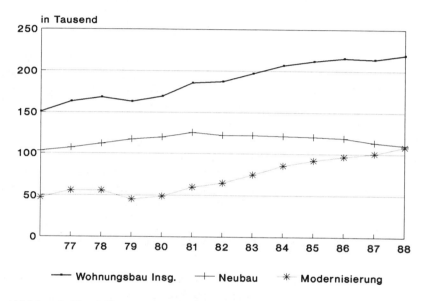

Abbildung 9: Entwicklung des Neubaus und der Modernisierung von Wohnungen

Betrug der Anteil des innerstädtischen Wohnungsbaus im Zeitraum von 1981 bis 1985 ca. 20 %, so konnte er im Zeitraum seit 1986 auf etwa 35 % erhöht werden. Auf das Defizit an Instandhaltungen, das im gleichen Zeitraum nach Berechnungen der Bezirke 35 - 70 % betrug, hatte das jedoch keinen Einfluß.

Bei den bis 1945 traditionell errichteten Mehrfamilienhäusern trat deshalb innerhalb der letzten 10 Jahre eine rapide Verschlechterung des Bauzustandes ein.

VI. Der Verfall des Kapitalstocks

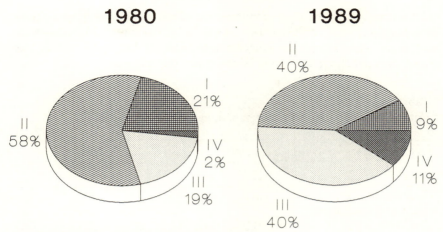

Abbildung 10: Anteil der Bauzustandsstufen in %

Allein in diesen Häusern gingen rd. 400 000 von zuvor 2,4 Millionen Wohnungen verloren. Besonders erschwert wurde die Erhaltung der Wohnungssubstanz in privaten Mietshäusern, in denen sich mehr als eine Million Wohnungen befanden. Die staatlich festgelegten niedrigen Mieten sicherten nicht die Finanzierung der notwendigen Erhaltungsmaßnahmen.

Während volkseigene und genossenschaftlich errichtete Wohnungen staatliche Subventionen erhielten, blieb privaten Mietshausbesitzern, wenn sie ihren Besitz erhalten wollten, nur der Weg, dafür eigene Arbeitseinkommen oder Spareinlagen zu verwenden oder Kredite bzw. Hypotheken aufzunehmen. Die dem Staat angebotene Übereignung wurde in den meisten Fällen ausgeschlagen. Daß Eigentum verpflichtet, erfuhr dabei durch die staatlichen Organe eine recht einseitige Auslegung.

Statt, wie staatlicherseits erwartet, im Interesse der Mieter alles für die Erhaltung und Modernisierung der Wohnungen zu tun, siegte zumeist der Selbsterhaltungstrieb der Vermieter. Deckten die Mieten häufig nicht einmal die laufenden Instandhaltungen, so sicherten sie erst recht nicht die Amortisation des Privateigentums, woran der SED- Führung letztlich auch nicht gelegen war.

Bei allen Anstrengungen auf dem Gebiet des Neubaus kann nicht übersehen werden, daß den wachsenden Bedürfnissen nach familiengünstigen größeren Wohnungen nicht in genügendem Maße Rechnung getragen wurde. Die Verteuerung der Bauleistungen infolge des rapiden Preisanstiegs wurde nicht nur durch einen allmählich immer geringeren Ausstattungsstandard auszugleichen versucht, mit dem sich auch zunehmende

Qualitätsmängel verbanden, sondern vor allem auch durch verringerte Wohnungsgrößen. Charakteristisch ist der hohe Zugang an Einraum-Wohnungen, die viele Bürger nur notgedrungen bezogen. Insgesamt vollzog sich hinsichtlich der Raumanzahl der Wohnungen folgende Entwicklung:

Tabelle 18:
Entwicklung der Raumzahl der Wohnungen in Prozent-Anteil

	1-	2-	3-	4-/und Mehrraumwohnung
Bestand lt. Wohnraum- und Gebäudezählung per 31.12.1981	8,0	33,0	37,0	22,0
Neubau in Mehrfamilienhäusern 1981 - 1988	17,4	22,5	44,5	15,6

Bei gleichbleibender Raumzahl wurden darüber hinaus vielfach noch die Wohnflächen je Wohnung verringert. Das geschah im Interesse statistischer Erfolgsmeldungen bei der "Lösung des Wohnungsproblems als soziale Frage bis 1990". Dieses Versprechen der SED-Führung erwies sich als irreal, wie die nachfolgende Tabelle beweist.

Tabelle 19:
Wohnungsbestand und -niveau

	DDR 1971	DDR 1989	BRD 1988/89
Anzahl der Wohnungen je 1000 Einwohner	353	424	429
Wohnfläche je Einwohner	20 m^2	27 m^2	35 m^2
Wohnfläche je Wohnung	58 m^2	65 m^2	85 m^2
Anteil der Wohnungen mit Innen-WC	39 %	72 %	94 %
mit Bad oder Dusche	39 %	79 %	93 %

VI. Der Verfall des Kapitalstocks

Mit dem sogenannten komplexen Wohnungsbau wurde in den 70er und 80er Jahren eine Vielzahl von Einrichtungen der sozialen Infrastruktur, vor allem Schulen, Kindereinrichtungen, Kaufhallen sowie gesundheitliche Betreuungseinrichtungen geschaffen. Insbesondere konnte die Versorgung mit Vorschuleinrichtungen und Schulen deutlich verbessert werden.

Tabelle 20:
Anzahl der Krippen- und Kindergartenplätze sowie Unterrichtsräume

	1970	1988
Kinderkrippenplätze je 1000 Kinder im entsprechenden Alter	291	799
Kindergartenplätze (entsprechend)	645	940
Unterrichtsräume in polytechnischen Oberschulen je 1000 Schüler	33,6	59,0

Diese Entwicklung war für die SED-Führung in mehrfacher Hinsicht wichtig. Zum einen gehörte sie zu den Vorzeigeerrungenschaften "des realen Sozialismus", die sich die so reiche BRD nicht leisten konnte oder vielmehr wollte. Zum zweiten ermöglichte sie den Frauen, in einem Maße berufstätig zu sein, wie das mit einem Beschäftigungsgrad von über 90 % am Ende der 80er Jahre in der Welt ohne Beispiel war.

Viele Frauen nahmen dadurch eine Persönlichkeitsentwicklung, wie sie als Hausfrau nicht möglich gewesen wäre. Das beseitigte freilich nicht das Defizit bei Frauen in leitenden Stellungen. Allerdings gab es durch das sonst zu niedrige Familieneinkommen auch kaum eine Alternative zur Berufstätigkeit der Frauen. Zum dritten war bei einer insgesamt rückläufigen Bevölkerungsentwicklung die Erhöhung des Anteils der berufstätigen Frauen bis zur Mitte der 80er Jahre eine wichtige Quelle, um den systembedingten unersättlichen Arbeitskräftebedarf zu befriedigen. Als sie versiegte, mußten verstärkt Ausländer ins Land geholt werden. Darüber hinaus wurden, zunächst nur bei Katastrophensituationen, später nahezu ständig, Einheiten der Nationalen Volksarmee in der Produktion eingesetzt. Zum vierten schließlich boten sich in den Vorschuleinrichtungen diverse Möglichkeiten, die Kinder vom frühesten Alter an in das Gesellschaftssystem und seine Verhaltensgewohnheiten zu integrieren. Es gehört sicher zu den untersuchenswertesten sozialpsychologischen Phänomenen, warum das Sozialismusbild von der heranwachsenden Jugend immer weniger angenommen wurde, obwohl sich die SED-Führung gerade um die Kinder und Jugendlichen in starkem Maße bemüht hat. Demgegenüber blieb die Versorgung der alten Menschen mit daseinswürdigen Wohn- und Lebensbedingungen auf niedrigem Niveau und weit hinter den Erfordernissen zurück.

Konnten von 1000 Rentnern 1970 höchsten 29 in ein Feierabend- oder Pflegeheim aufgenommen werden, so waren es 1988 immer noch erst 52, denen noch 15 Plätze in Wohnheimen für ältere Bürger hinzuzurechnen sind. Diese Zahlen sagen nichts darüber aus, daß es vor allem an Einzelzimmern mangelte und manche älteren Heime im Sprachgebrauch treffend als "Wartesäle für den Tod" bezeichnet wurden. Der Bedarf an Plätzen für ältere Bürger überstieg das Angebot in jedem Fall bei weitem. Nicht selten war unter diesen Bedingungen die "Fürsprache" einflußreicher Persönlichkeiten für die Aufnahme in solche Heime ausschlaggebender als die medizinische oder soziale Indikation.

Wie für alle anderen Bereiche gilt auch für die soziale Infrastruktur, daß bei zu geringer Investitionstätigkeit die Erhaltung des Vorhandenen vernachlässigt wurde. Für den Zeitraum von 1986 - 1990 konnte der notwendige Baureparaturbedarf in keinem Bereich auch nur annähernd befriedigt werden, so

in der Volksbildung	zu 72 %,
im Gesundheitswesen	zu 66 %,
im Handel	zu 48 %,
im Sport	zu 45 %,
in der Kultur	zu 32 %.

Dadurch befinden sich viele Einrichtungen der sozialen Infrastruktur in einem Bauzustand, der umfassende Rekonstruktionen oder den vollständigen Ersatz erforderlich macht. In solchen Gebäuden befinden sich

- 14 % der Betten in allgemeinen Krankenhäusern,
- 28 % der Betten in Fachkrankenhäusern,
- 8 % der ärztlichen Arbeitsplätze in Polikliniken,
- 11 % der Feierabend- und Pflegeheimplätze,
- 29 % der Verkaufsraumfläche des Handels,
- 42 % der Gaststättenplätze und
- 49 % der Großhandelslagerplätze.

Infolge baulichen Verfalls mußten von Jahr zu Jahr immer mehr Krankenhauskapazitäten stillgelegt werden.

Trotz zahlreicher Schließungen von Kinos - auch infolge der Veränderung in der Publikumsgunst durch das Fernsehen - befinden sich 80 % der verbliebenen Filmtheater in den Bauzustandsstufen III (unzureichend nutzungsfähig) und IV (nicht nutzungsfähig). Demgegenüber sind Theater, Kultur- und Klubhäuser sowie Bibliotheken überwiegend in zufriedenstellendem Zustand.

Zu den Lieblingskindern der SED-Führung gehörte allezeit der Sport. Die "Diplomaten im Trainingsanzug" verschafften der DDR in einem Maße Weltgeltung, wie sie auf keinem anderen Gebiet auch nur annähernd erreicht werden konnte. Es war aber nicht nur der Leistungssport, auch der Massensport fand Förderung, wenngleich mehr mit ideologischen als materiellen Mitteln. Der personelle Aufwand an Trainern, Übungsleitern und nicht zuletzt Funktionären im Sport befindet sich deshalb in seltsamem Kontrast zu den Bedingungen für die Sportausübung. Bekannt ist, daß die DDR kein einziges Fußballstadion besitzt, das Ansprüchen an die Durchführung einer Europa- oder Weltmeisterschaft genügen würde. Rund die Hälfte aller Sporthallen und Sportplätze sowie Freibäder sowie 15 % der Schwimmhallen haben einen mangelhaften Bauzustand.

Zusammenfassend muß eingeschätzt werden, daß ein befriedigender Bauzustand der Wohnsubstanz und der sozialen Infrastruktur nur über einen längeren Zeitraum und mit einer wesentlichen Aufstockung und Veränderung der Struktur der Baukapazitäten wiederhergestellt werden kann. Für den Zeitraum der nächsten 5 Jahre wird ein Baureparaturbedarf für Wohnhäuser in Höhe von 70 Milliarden Mark und für die soziale Infrastruktur von über 16 Milliarden Mark eingeschätzt. Mit den gegenwärtig vorhandenen Kapazitäten könnten die Baureparaturen nur zu rd. 2/3 und die Gebäuderekonstruktionen nur etwa zur Hälfte durchgeführt werden. Dabei besteht der größte Nachholebedarf in Sachsen.

VII. Ökonomie kontra Ökologie - Umweltschutz Jahrzehnte ohne Priorität in der Wirtschaftspolitik der SED

Zu den schmerzlichsten Hinterlassenschaften der SED-Führung gehört die Vernachlässigung des Umweltschutzes. Auf diesem Gebiet wurde das höchste Maß an Kurzsichtigkeit in der Wirtschafts- und Sozialpolitik an den Tag gelegt. Daß der Minister für Umweltschutz und Wasserwirtschaft einer Blockpartei angehörte, grenzte ihn von vornherein aus Beratungen, z. B. der Wirtschaftskommission beim Politbüro des ZK der SED, wo er seine

Stimme hätte erheben können, aus. Und für den wirtschaftsverantwortlichen Sekretär des ZK der SED, Mittag, blieb Ökologie ein Fremdwort. Umweltschutz erforderte schließlich hohen Aufwand und brachte kurzfristig wenig Nutzen. Vor diesem Problem steht jeder umweltbelastende Produzent, gleich in welchem Wirtschaftssystem. Der Staat ist hierbei berufen, die Interessen des Gemeinwohls zu wahren und für Ausgewogenheit von Ökonomie und Ökologie zu sorgen. Die alles entscheidende sozialistische Zentralverwaltungswirtschaft hebt diese Interessengegensätze prinzipiell auf und wird so - unter dem Druck der Akkumulationsschwäche - selbst zum Hauptverantwortlichen für die Vernachlässigung der Umwelt. Gemessen an führenden Industrienationen setzte die DDR einen extrem niedrigen Teil ihres Nationaleinkommens für den Umweltschutz ein.

Tabelle 21:
Anteil der Investitionen für den Umweltschutz am produzierten Nationaleinkommen 1980 -1988

DDR	0,5 %
BRD	1,6 %
USA	2,0 %
CSFR	2,3 %
Japan	3,4 %

Die DDR gehörte zu den ökologisch am meisten belasteten Ländern Europas. So hatte sie bezogen auf die Fläche und die Einwohnerzahl in Europa die höchste Emission an Luftschadstoffen, insbesondere an Schwefeldioxyd und Staub. Der Ausstoß an Schwefeldioxyd pro Quadratkilometer war in der DDR mit mehr als 50 Tonnen im Jahr doppelt so hoch wie in der CSFR und fast viermal größer als in der BRD. Hinzu kamen überdurchschnittliche Emissionen an Stick- und Kohleoxyden, flüchtigen Kohlewasserstoffen, Schwermetallen, Schwefelwasserstoff und -kohlenstoff, Chlorwasserstoff, Ammoniak und Fluorverbindungen. Territoriale Schwerpunkte waren die Standorte der Braunkohlenkraftwerke, der chemischen Industrie und der Viskoseproduktion. In den Schwerpunktgebieten der Luftbelastung lebten 36 % der Bevölkerung. Die spezifische Flächenbelastung durch Schwefeldioxyd war im Bezirk Leipzig fast viermal, im Bezirk Cottbus und in Berlin mehr als dreimal so hoch wie im DDR-Durchschnitt. Einige Mikrostandorte in diesen Bezirken, wie z.B. Bitterfeld, Espenhain u.a., hätten entsprechend den von der UNO empfohlenen Grenzwerten für Umweltbelastungen als nicht bewohnbar eingestuft werden müssen.

VII. Ökonomie kontra Ökologie

Die Belastung der Luft hatte sich insbesondere in den 80er Jahren dramatisch erhöht. Eine wesentliche Ursache war die Ablösung von Heizöl durch Braunkohle. Sie erfolgte im wesentlichen ohne Modernisierung der Kraftwerke und ohne die notwendigen Investitionen zur Verminderung der Schadstoffbelastungen der Luft.

Stieg die Braunkohleförderung von 1980 bis 1988 auf 120,2%, so erhöhte sich bei zunehmendem Verschleißgrad der Ausrüstungen der Kraftwerke von 37,7 % im Jahre 1980 auf 48,1 % im Jahre 1988 der Ausstoß von Schwefeldioxyd auf 128,1 %. Augenscheinlich war der Anstieg der Schwefeldioxydemission in Abhängigkeit von der Verringerung des Heizöleinsatzes.

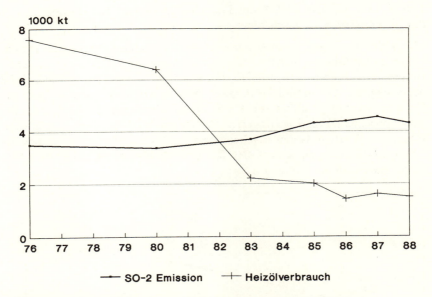

Abbildung 11 : Schwefeldioxydausstoß bzw. Heizölverbrauch in Kilotonnen

Nach internationalen Einschätzungen waren in der DDR 90 % aller Schwefeldioxyd- und 75 % aller Stickoxydemissionen auf die Verbrennung von Braunkohle zurückzuführen. Der Anteil von Stickoxyden aus der Kohleverbrennung war deshalb so hoch, weil deren Gesamtemission im internationalen Vergleich relativ gering ist. 1988 wurden 825 Kilotonnen emittiert, womit die DDR wesentlich unter den Werten kapitalistischer Industrieländer liegt. Vorteilhaft, wenigstens in diesem einen Fall, wirkt sich der hohe Anteil von Zweitaktmotoren in Personenkraftwagen aus. Das gegenüber Viertaktmotoren andere Verbrennungsverfahren ermöglichte einen

10fach niedrigeren Ausstoß von Stickoxyden, verursachte aber eine 5- bis 10fach höhere Emission von Kohlenwasserstoffen.

Im engen Zusammenhang mit den zunehmenden Belastungen der Luft nahmen die Waldschäden in einem beängstigenden Umfang zu. Daß die Pathogenese des Waldes sich erst in jüngster Zeit vollzog, belegt die Übersicht über die Entwicklung der Waldschadenfläche (in Prozent):

1983	12,0	1987	31,7
1985	19,0	1988	44,4
1986	28,8	1989	54,3

51,6 % aller Kiefern, 40,9 % der Fichten, 42,6 % der Eichen und 24,3 % der Buchen gelten als geschädigt.

Umweltbelastungen mußten auch schon bei der Gewinnung der Braunkohle hingenommen werden. Der hohe Anteil des DDR- spezifischen Braunkohletagebaus mit seiner weiträumigen Flächeninanspruchnahme beeinträchtigt die natürliche Umwelt mit schwerwiegenden Folgen für Flora, Fauna und Grundwasser. Unter den Bedingungen des forcierten Tagebauaufschlusses und verringerter Investitionskraft hat sich in den 80er Jahren das Verhältnis von Flächenentzug und Rückgabe an die Landwirtschaft drastisch verschlechtert. Die Rückgabe blieb ständig hinter dem Flächenentzug zurück.

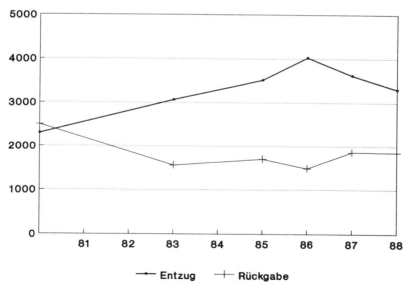

Abbildung 12: Flächenentzug und -rückgabe durch Braunkohlentagebau

Die landwirtschaftliche Nutzfläche hat sich auch durch diese Entwicklung seit 1980 um 110 000 Hektar verringert. Nicht weniger gravierend als die Belastungen der Luft waren die der Gewässer. Die DDR ist aus Naturgegebenheiten im europäischen Maßstab das Land mit dem geringsten Wasserangebot je Einwohner. In einem Trockenjahr steht für die Deckung des Wasserbedarfs ein Angebot an Grund- und Oberflächenwasser von 8,9 Milliarden Kubikmeter zur Verfügung. Eine komplexe Wasserbewirtschaftung und rationellste Wasserverwendung war für die DDR ein dringendes Gebot, blieb doch das Wasserangebot unverändert, während der Wasserverbrauch - mit Ausnahme bei der Industrie - ständig anstieg.

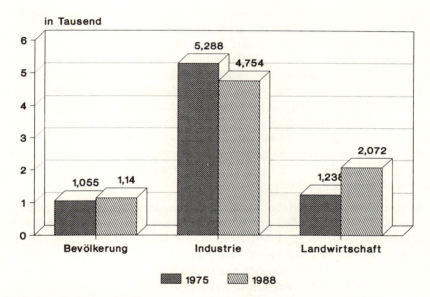

Abbildung 13: Wasserverwendung nach Bedarfsträgergruppen in Mio m^3

Die Gewässerbelastung war insgesamt sehr hoch. Von dem verfügbaren Wasserangebot konnten nur 22 % ohne größeren Aufbereitungsaufwand als Trinkwasser verwendet werden. 8 % der stehenden Gewässer waren für jede Nutzung ungeeignet, und die Wasserqualität von 58 % der Fließgewässerstrecke, insbesondere von Elbe, Saale, Mulde und Weißer Elster, war stark beeinträchtigt. Ursachen waren vor allem die ungenügende bzw. fehlende Klärung kommunaler und industrieller Abwässer sowie der Schadstoffeintrag durch die Landwirtschaft.

Insgesamt reichte die Leistungsfähigkeit der Abwasserbehandlungskapazitäten in Städten und Industriebetrieben nicht aus. Die extensive Investitionspolitik in der Industrie sowie der städtebauliche Neuaufschluß verschlangen im letzten Jahrzehnt rund 70 % der zur Verfügung stehenden Investitionen für die Erweiterung der Anlagen und Netze.

Zwar wurde der Kapitalstock im Bereich des Ministeriums für Umweltschutz und Wasserwirtschaft seit 1975 bis 1988 nahezu verdoppelt und der Verschleißgrad von 47 % auf 43 % im gleichen Zeitraum verringert. Dennoch konnten große Teile der Netze in den Stadtkernen sowie zahlreiche Kläranlagen nicht systematisch rekonstruiert werden und sind daher weitgehend verschlissen.

Besonders kritisch zu werten war, daß 9 % der Grundwassermeßstellen Nitratgefährdungen und 8 % Grenzwertüberschreitungen aufwiesen. Rund 2 Millionen Menschen wurden mit Trinkwasser versorgt, das einen erhöhten Nitratgehalt von über 40 Milligramm pro Liter hat. Eine Hauptursache dafür war die Orientierung auf höchste Erträge in der Pflanzenproduktion. Nach Untersuchungen der Akademie der Landwirtschaftswissenschaften wurden 1987 28 Kilogramm Stickstoff je Hektar, von den Pflanzen unverbraucht, in das Grundwasser ausgewaschen. Solche Auswaschungen betrafen auch Phosphor, nicht nur aus Bodenerosion, sondern vor allem standortbedingt in der Nähe von großen Tierhaltungen auch aus Gülle. Relativ geringe Ertrags- und Leistungssteigerungen wurden so um den Preis hoher Umweltbelastungen erkauft.

In ganz besonderem Maße wurden die Umweltschützer wegen der Belastung der Umwelt mit Müll und Abprodukten auf den Plan gerufen. In der DDR wurde fast der gesamte Industrie- und Hausmüll auf Deponien und "wilden" Müllkippen abgelagert, weil es nur eine einzige Müllverbrennungsanlage gab. Demgegenüber besitzt die BRD 46 Müllverbrennungsanlagen, in denen 25 % des entstehenden Mülls beseitigt werden. In der Schweiz und Japan liegt der Anteil des verbrannten Mülls bei 80 %. Wie gleichgültig die bisherige Führung den Umweltbelangen gegenüberstand, kann wohl nicht schlüssiger bewiesen werden als durch die Tatsache, daß das Territorium der DDR für wenige harte D-Mark weit für den Müll - auch toxischen - aus der Bundesrepublik und Westberlin geöffnet wurde.

Eine Führung, die sonst in jeder Hinsicht die ideologische Marschrichtung vorgab, grenzte vorsätzlich die Schaffung eines Umweltbewußtseins aus. Sie begnügte sich mit dem Hinweis, daß abproduktfreie Produktionen der beste Umweltschutz und Ökonomie und Ökologie überhaupt nur zwei Seiten ein und derselben Medaille seien. Alternative Umweltbewegungen wurden dagegen im Keime erstickt und Informationen über Umweltbelastungen als

Staatsgeheimnis gehütet. Sie hätten auch gar nicht in die Erfolgsmeldungen gepaßt, erreichten doch die jährlichen Umweltschäden in letzter Zeit Größenordnungen von etwa 28 - 30 Milliarden Mark und damit mehr als das Doppelte des jährlichen Zuwachses an Nationaleinkommen.

VIII. Die Landwirtschaftspolitik der SED zwischen aufwendigem Experimentieren, selbstgerechtem Renommieren und tatsächlichen Erfolgen

Ohne Zweifel haben sich auf dem Territorium der DDR in den knapp 45 Jahren seit Beendigung des 2. Weltkrieges in der Landwirtschaft grundlegendere Veränderungen vollzogen als in den vorausgegangenen mehr als 450 Jahren nach dem Bauernkrieg. Von der Bodenreform über die Kollektivierung bis hin zur kooperativen Zusammenarbeit großer Landwirtschaftsbetriebe vollzog sich ein Weg, der von der sozialistischen Grundauffassung über die Notwendigkeit der Vergesellschaftung und Industrialisierung der landwirtschaftlichen Produktion geprägt war. Die theoretischen Grundlagen dieser Entwicklung waren bereits von Friedrich Engels ausgearbeitet worden und hatten in Lenin's Genossenschaftsplan konkretere Gestalt angenommen. Für ihre praktische Verwirklichung gab es nur das Vorbild UdSSR mit kaum vergleichbaren Bedingungen und einer wenig effizienten Landwirtschaft. Die insgesamt mit Konsequenz verfolgte Agrarpolitik der SED wies auch deshalb nicht wenige Irrungen und Wirrungen auf. Sie im einzelnen einer Neubewertung zu unterziehen, möge Sache von Agrarwissenschaftlern sein. Dennoch ist es bei der Aufarbeitung der "ökonomischen Strategie der SED" unerläßlich, auch auf die Landwirtschaft, ihre Versorgungsaufgabe und den dafür zu zahlenden volkswirtschaftlichen Preis einzugehen.

Es ist unbestritten, daß die Landwirtschaft und die auf ihr aufbauende Nahrungsgüterwirtschaft mit ihrer Leistungsfähigkeit das Alltagsleben der Menschen so unmittelbar beeinflußte, wie kaum ein anderer Wirtschaftszweig.

Die Sicherung des täglichen Brotes ist als elementarste Lebensgrundlage erstrangiges Politikum. Daß jedermann jederzeit an voll gedeckten Tischen sitzen können sollte, war Leitmotiv und avancierte zum Wohlstandssymbol des DDR- Bürgers.

Im Vergleich zur BRD war in der Tat beim Verbrauch von Nahrungsmitteln der geringste Abstand festzustellen. Unterschiede wurden allenfalls zuungunsten der DDR im Verzehr von fettarmer und eiweiß- sowie vitaminreicher Kost sichtbar. Auch sagt der Vergleich, insbesondere bei pflanzlichen Produkten nichts über die Qualität und damit Verwertbarkeit des Angebotenen aus.

Tabelle 22:
Pro-Kopf-Verbrauch ausgewählter Nahrungsmittel (1988)

	DDR	BRD
Fleisch- und Fleischerzeugnisse (kg)	100,2	104,1
Fisch- und Fischerzeugnisse (kg)	7,8	12,6
Eier (Stück)	305	260
Butter (kg)	14,9	8,3
Magarine (kg)	10,7	7,4
Trinkmilch (kg)	111,1	92,3
Käse (kg)	10,0	17,4
Brotgetreidemehl (kg)	93,2	74,9
Kartoffeln (kg)	148,9	71,5
Gemüse (kg)	106,0	76,8
Obst (kg)	76,9	119,5
Zucker- und Zuckererzeugnisse (kg)	41,4	35,9

Im Unterschied zur BRD setzte dabei die DDR auf einen hohen Grad der Eigenversorgung. Die Bedingungen dafür waren (und sind) in der DDR recht günstig. Die landwirtschaftliche Nutzfläche war mit 0,37 ha je Einwohner fast doppelt so hoch wie in der BRD (0,20 ha). Dieser Unterschied erklärt sich nicht allein aus der relativ dünneren Besiedlung der DDR, sondern auch daraus, daß in der DDR 58 % der Gesamtfläche landwirtschaftlich genutzt wird, während es in der BRD nur 49 % sind. Das wiederum war nicht primär auf die größere urbane Flächeninanspruchnahme der BRD zurückzuführen, sondern vor allem darauf, daß in der DDR jegliche Fläche, auch mit geringster Bodenwertigkeit, für die landwirtschaftliche Produktion genutzt wurde.

Ökonomisch wurde diesem Tatbestand zuletzt mit der Agrarpreisreform von 1984 Rechnung getragen. Die festgelegten landwirtschaftlichen Erzeugerpreise orientierten sich am Aufwand unter ungünstigen natürlichen Standortbedingungen. Dadurch wurde für über 90 % der landwirtschaftlichen Nutzfläche rentables Wirtschaften ermöglicht.

VIII. Die Landwirtschaftspolitik der SED

Wesentliche Unterschiede zwischen beiden Ländern bestanden auch in der Struktur der landwirtschaftlichen Nutzfläche. So betrug der Anteil der Grünfläche in der BRD 38 %, in der DDR hingegen nur 20 %. Das dadurch relativ höhere und ökonomisch günstigere Grobfutteraufkommen der BRD gegenüber dem Konzentratfuttereinsatz widerspiegelt sich nicht zuletzt in der unterschiedlichen Tierhaltung je 100 ha landwirtschaftlicher Nutzfläche (1987):

	BRD	DDR
Rinder	128	92
Schweine	205	202

Die Ausrichtung auf einen hohen Grad der Eigenversorgung mit der Inkaufnahme ungünstigerer agrarökonomischer Bedingungen gegenüber dem trotz aller Zölle und Einfuhrbeschränkungen weit offeneren EG-Agrarmarkt war offenkundig.

So lag die Eigenerzeugung pro Kopf in der DDR bei jeder landwirtschaftlichen Hauptproduktion höher als in der BRD.

Tabelle 23:
Eigenerzeugung pro Kopf im Vergleich zur Bundesrepublik

1987	BRD = 100
Weizen	151,3
Roggen	595,7
Gerste	173,8
Hafer	115,2
Kartoffen	366,7
Zuckerrüben	147,8
Rind	103,5
Schwein	150,2

Dementsprechend lag auch der Eigenversorgungsgrad, bis auf Getreide, wo die DDR trotz aller Anstrengungen auf diesem Gebiet weiterhin Nachholebedarf hatte, bei allen wichtigen Erzeugnissen höher.

Tabelle 24:
Eigenversorgungsgrad bei wichtigen Erzeugnissen - in Prozent -

	DDR (1987)	BRD (1985/86)
Getreide	89	95
Fleisch	110	93
Nahrungsfette	114	76
Gemüse	88	39
Obst	72	51
Milch und Milcherzeugnisse	118	105 - 107
Eier	107	72
Insgesamt	92	79

Die Selbstversorgungsstrategie, die sich bei Fleisch, Gemüse und Obst bis in die Bezirke innerhalb der DDR fortsetzte, war nicht nur mit Devisenmangel erklärbar. Immerhin hat die DDR im Zeitraum von 1971 bis 1988 23,4 Milliarden DM für den Import von Getreide, Extraktionsschroten und Fischmehl ausgegeben, was einen ganz beträchtlichen Teil ihrer Auslandsverschuldung insgesamt ausmacht.

Die Selbstversorgungsstrategie war vielmehr Ausdruck der politischen Abgrenzung. Auf dem X. Parteitag der SED betonte Honecker: "Nahrungsgüter spielen in der internationalen Klassenauseinandersetzung zwischen Sozialismus und Imperialismus eine wachsende Rolle. Umso wichtiger ist es, die eigene Produktion auf dem Wege der Intensivierung zu steigern."[11] Zu den immer wiederkehrenden Postulaten gehörte, daß die Landwirtschaft Sache der ganzen Volkswirtschaft sei. Schon auf dem VIII. Parteitag im Jahre 1971 hatte Honecker erklärt: "Es ist volkswirtschaftlich vorteilhafter, unsere sozialistische Landwirtschaft mit mehr und besseren Produktionsmitteln zu fördern, statt Nahrungsgüter, die wir selbst erzeugen können, einzuführen."[12]

Diese Orientierung konnte, was die materiell-technischen Bedingungen für die Landwirtschaft betraf, in den 70er Jahren noch halbwegs verwirklicht werden. Mit Beginn der 80er Jahre waren dagegen abrupte Einschränkungen unumgänglich.

---
[11] Bericht des ZK der SED an den X. Parteitag der SED, Dietz-Verlag 1981, S. 70.
[12] Bericht des ZK der SED an den VIII. Parteitag der SED, Dietz-Verlag 1971, S. 52.

VIII. Die Landwirtschaftspolitik der SED

Tabelle 25:
Investitionen der Land- und Forstwirtschaft und ihr Anteil an den Gesamtinvestitionen

Mrd. M	Investitionen gesamt	Investitionen der Land-, Forst- u.Nahrungsgüterw.	Anteil an Gesamtinvestitionen
1971/75	250,8	32,3	12,9 %
1976/80	319,1	35,3	11,1 %
1981/85	318,0	29,4	9,2 %
1986/88	214,2	17,0	7,9 %

Die Investitionen für die Land- und Forstwirtschaft hatten 1977 mit 7380 Millionen Mark ihren absoluten Höchststand und mit 4919 Millionen Mark 8 Jahre später ihren Tiefpunkt. Ihr Anteil an den Investitionen lag in allen Jahren dennoch weit über dem in der BRD. Aufwendig und von geringer Effizienz war diese Politik vor allem wegen der in diesem Bereich betriebenen "Gigantomanie". Der Rückgang der Investitionen in der Landwirtschaft seit Beginn der 80er Jahre war so einerseits infolge der Akkumulationsschwäche erzwungen, andererseits möglich, weil Großinvestitionen von da an unterblieben.

So wurden investitionsaufwendige Großanlagen der Tierproduktion und Mischfutterwerke ab 1982 nicht mehr errichtet. Die insbesondere vom ehemaligen ZK-Sekretär für Landwirtschaft, Grüneberg, verfolgte Linie der immer stärkeren Konzentration der landwirtschaftlichen Produktion entsprechend der Grundüberzeugung, daß der Großbetrieb generell, auch in der Landwirtschaft, Klein- und Mittelbetrieben überlegen ist, war an ihre Grenzen gestoßen. In welchem Maße der Konzentrationsprozeß vollzogen wurde, zeigt ein Vergleich der Entwicklung der Anzahl der Pflanzenproduktionsbetriebe und der Gemeinden:

Tabelle 26:
Entwicklung der Konzentration der landwirtschaftlichen Betriebe

Jahr	Anzahl der Pflanzenproduktionsbetriebe	Anzahl der Gemeinden	Verhältnis
1960	20 280	9 375	2,16 : 1
1970	9 866	8 868	1,11 : 1
1980	1 413	7 553	0,19 : 1

80   B. „Ökonomische Strategie" in der Nach-Ulbricht-Zeit

Mithin erstreckte sich die Flur einer einzigen Landwirtschaftlichen Produktionsgenossenschaft (Pflanzenproduktion) im Jahre 1980 über 5 verschiedene Dörfer. Die Durchschnittsgrößen der Genossenschaften und volkseigenen Güter der Pflanzenproduktion stiegen von 300 Hektar im Jahre 1960 auf annähernd 5000 Hektar im Jahre 1980. Die durchschnittliche Betriebsgröße in der Landwirtschaft der BRD liegt dagegen bei 16 Hektar.

Zeitlich etwas später, aber ebenfalls 1980/81 zu Ende gehend, vollzog sich die Konzentration der Tierproduktion.

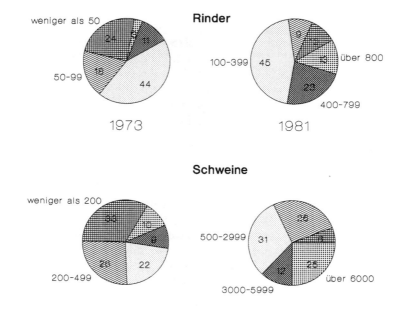

Abbildung 14: Konzentration der Tierplätze in Ställen (Anteile in %) Rinder (oben) und Schweine (unten)

Die immer größere Konzentration war sowohl in der Pflanzen- als auch in der Tierproduktion mit einer Reihe von Nachteilen verbunden, von denen hier nur Identifikationsschwierigkeiten der Bauern, steigende Transportkosten, Entsorgungsprobleme bei den Großviehanlagen genannt sein sollen.

VIII. Die Landwirtschaftspolitik der SED

Zugleich ging der Konzentrationsprozeß mit zunehmender Spezialisierung einher. Durch die Arbeitsteilung zwischen Pflanzen- und Tierproduktion konzentrierten sich bestimmte landwirtschaftliche Produktionsgenossenschaften und volkseigene Betriebe zunehmend auf die Herstellung tierischer Erzeugnisse. Die schon seit längerer Zeit bestehenden Betriebe zur industriemäßigen Produktion von Eiern, Schlachtvieh, Milch und für die Jungtieraufzucht schienen die Richtigkeit dieser Spezialisierung zu bestätigen. 10 Jahre später, auf dem XI. Parteitag kam - mehr zwischen den Zeilen, und wie gewohnt, nach vorn orientiert zu lesen - das Eingeständnis: "Durch die Entwicklung der Kooperation, deren Räte in wachsendem Maße größere Verantwortung für die Produktion übernehmen, wurden die besten Voraussetzungen geschaffen, um die zeitweise vorhandene Trennung von Pflanzen- und Tierproduktion zu überwinden.[13]"

Für die Zeit verstärkter Konzentration und Spezialisierung war charakteristisch, daß es trotz der absolut höchsten Bereitstellung von Investitionen in den Jahren zwischen 1970 und 1980 bis auf Lastkraftwagen und Hänger zur Stagnation und zum Rückgang des Ausrüstungsbestandes kam.

Tabelle 27:
Maschinenbestand der Landwirtschaft, (Stück)

	1970	1980	1988
Traktoren	148 865	144 502	167 529
LKW	27 186	51 590	59 900
Hänger	232 646	257 516	301 380
Stalldungstreuer/ Mehrzweckhänger	16 076	12 227	12 430
Mähdrescher	17 911	13 582	18 404
Hochdruck-Sammelpressen	8 400	8 975	8 363
Kartoffelsammelroder	12 000	7 894	8 112
Rübenkopflader	5 883	4 150	2 884
Rübenrodlader	5 276	2 863	2 700

---

[13] Bericht des ZK der SED an den XI. Parteitag der SED, Dietz-Verlag 1986, S. 38.

Auch hinter dieser Entwicklung verbirgt sich die Gigantomanie. So verringerte sich zwischen 1970 und 1980 die Anzahl der Traktoren mit geringer Zugkraft von 92 789 Stück auf 38 276, während die Zahl der Traktoren mit größerer Zugkraft ab 14 Kilonewton von 56 076 auf 106 226 anstieg. Bei den Erntemaschinen vergrößerte sich im allgemeinen die Arbeitsbreite. Unter der zunehmenden Größe und Schwere der Zug- und Arbeitsmittel kam es zu Bodenverfestigungen und Zerstörungen der Ackerkrume, zu Schwierigkeiten bei der Erntetechnologie, z.B. der Senkung von Ernteverlusten. Havarien oder sonstige Stillstände waren gegenüber geringdimensionierter Technik mit umso größeren Auswirkungen verbunden. Bei ohnehin zu geringem Besatz an Erntetechnik für die Ausnutzung der agrotechnisch günstigsten Termine - je Mähdrescher ist in der DDR eine 6 mal größere Fläche als in der BRD abzuernten - hatten Ausfälle deshalb besonderes Gewicht. Die deutliche Verringerung der Investitionstätigkeit in der Landwirtschaft am Beginn der 80er Jahre wirkte sich vor allem auf den Ausrüstungsbestand aus. So erhielt die Landwirtschaft im Zeitraum von 1981 bis 1985 gegenüber dem Fünfjahrplan 1976-1980 nur

79,3 % der Traktoren
44,7 % der LKW
42,1 % der Mähdrescher, Typ 516
67,4 % der Hochdruckpressen
73,9 % der Schwadmäher.

Das mußte durch eine längere Nutzungsdauer und geringere Aussonderung der Landtechnik ausgeglichen werden. Während die Baulichkeiten der Landwirtschaft mit 33,7 % den geringsten Verschleißgrad aller Bereiche der Volkswirtschaft aufwiesen, waren die Ausrüstungen mit rd. 61 % überdurchschnittlich hoch verschlissen. 27 % der Ausrüstungen waren trotz Verlängerung der normativen Nutzungsdauer bereits vollständig abgeschrieben. Zur Sicherung des Einsatzes der vorhandenen Technik waren sprunghaft ansteigende Reparaturleistungen notwendig, vor allem in der Landwirtschaft selbst. So stiegen die Aufwendungen für Instandsetzungsmaterial von 1981 bis 1988 um knapp 30 % und die Zahl der im Reparaturbereich der genossenschaftlichen und staatlichen Betriebe Tätigen von 59 600 auf 82 600. Das ist mehr als die Hälfte des Zugangs an Arbeitskräften der Land- und Forstwirtschaft in den 80er Jahren und damit waren in diesen Reparaturbereich der Landwirtschaft mehr Arbeitskräfte beschäftigt als im zentral geleiteten Landmaschinenkombinat.

Diese Entwicklung ist zugleich Beleg dafür, daß unter der Bedingung unzureichender Akkumulation die sich weltweit vollziehende stetige Freisetzung von Arbeitskräften aus der Agrarproduktion in der DDR unterbro-

VIII. Die Landwirtschaftspolitik der SED

chen wurde. Lebendige Arbeit mußte ersetzen, was zur Deckung erhöhten Bedarfs an Nahrungsgütern und agrarischen Rohstoffen nicht durch den Einsatz von fixem Kapital erreicht werden konnte.

Tabelle 28:
Anteil der Beschäftigten in der Land- und Forstwirtschaft - in Prozent -

	BRD	DDR
1960	13,7	17,0
1970	8,5	12,8
1980	5,5	10,7
1988	4,9	10,8

Hatte die DDR einen im internationalen Maßstab gesehen hohen Anteil an Arbeitsvermögen in der Land- und Forstwirtschaft gebunden, so war ihr anteiliger Fondseinsatz vergleichsweise noch höher. Hatte die BRD Land-, Forst- und Fischereiwirtschaft 1987 einen Anteil am Bruttoanlagevermögen aller Wirtschaftsbereiche von 3,6 %, so betrug der Grundmittelanteil der Land- und Forstwirtschaft in der DDR im gleichen Jahr 14,3 %.

Die Vergleiche mit der BRD offenbaren zum einen den Produktivitätsrückstand der DDR-Landwirtschaft, zum anderen den höheren Eigenversorgungsgrad der DDR, der mit einem hohen inneren Aufwand erkauft wurde. Der hohe Importüberschuß der BRD an Erzeugnissen der Land-, Forst- und Nahrungsgüterwirtschaft - die Einfuhr lag 1988 mit 57,6 Milliarden DM wesentlich über der Ausfuhr (31,2 Milliarden DM) - ermöglichte demgegenüber die Ausnutzung enormer Standortvorteile für die Versorgung mit Nahrungsgütern und damit nicht nur bei solchen, die aufgrund der klimatischen Bedingungen nicht selbst erzeugt werden können, sondern auch und vor allem bei Erzeugnissen, deren Eigenerzeugungskosten höher lagen als in anderen EG-Ländern. Für die Bauern in der BRD war diese Marktkonfrontation im Gegesatz zu ihren DDR-Kollegen seit längerem mit erheblichen sozialen Folgen verbunden. Rund ein Drittel der einzelbäuerlichen Betriebe mußte im Verlauf dieser Anpassungen ihre Existenz aufgeben. Die Verbleibenden waren zu höchster Wettbewerbsfähigkeit gezwungen. Ihr Fortbestehen wäre allerdings kaum möglich ohne Finanzhilfen durch den Staat. So ist eine Subvention der Landwirtschaft in allen hochentwickelten Industriestaaten üblich. Vergleichende Berechnungen der BRD ergaben für das Jahr 1984 Subventionen der Nahrungsmittelproduktion, die in beiden Ländern auf verschiedenen Stufen und in unterschiedlichen Formen wirksam wurden, in folgender Höhe:

Tabelle 29:
Vergleich der Subventionen

	BRD - DM -	DDR - Mark -
je Getreideeinheit Nahrungsmittelproduktion	168	726
je Beschäftigten	8 712	19 694

In welchem Maße die DDR-Landwirtschaft mit überhöhtem Aufwand produzierte, zeigt jedoch endgültig erst der Vergleich der Erzeugerpreise. Nach der Agrarpreisreform im Jahre 1984, mit der in der DDR zum ersten Mal wieder seit vielen Jahren der Aufwand real kalkuliert wurde, ergab sich ein beträchtlich höheres Preisniveau, vor allem für die Tierproduktion.

Tabelle 30:
Durchschnittliche Erzeugerpreise für landwirtschaftliche Produkte 1984

	BRD - DM/t -	DDR - Mark/t -
Getreide	484	651
darunter		
Weizen	488	610
Roggen	479	649
Kartoffeln	309	487
Zuckerrüben	129	142
Schweine	2827	7669
Rinder	3682	9225
Geflügel	2359	8137
Milch	646	1485
Eier	2905	6283

In der Zwischenzeit wurden die Erzeugerpreise in der DDR noch einmal 1986 geringfügig erhöht, in der BRD hingegen sanken sie weiter. Dennoch wurde die DDR-Landwirtschaft zum Export in das westliche Wirtschaftsgebiet angehalten. Es verbanden sich hier das volkswirtschaftliche Interesse am "schnellen Geld", das mit Agrarprodukten zu erlösen war, mit dem Interesse der Landwirtschaft, die entstandenen Großanlagen der Tierproduktion ausnutzen zu können. Ihre Aufrechterhaltung erforderte wiederum von Jahr zu Jahr in Abhängigkeit vom eigenen Futteraufkommen schwankende, insgesamt aber beträchtliche Importe. Die Sicherung der Eigenversorgung mit Nahrungsgütern wurde mithin nicht über die Elastizität des Imports, sondern des Exports herbeigeführt. Angesichts der Preisentwicklungen auf dem EG-Markt und dem wachsenden Produktivitätsrückstand entwickelte sich die Außenhandelstätigkeit der DDR-Landwirtschaft immer mehr zum "Hans-im-Glück-Geschäft". Die Devisenrentabilität des Exports von Agrarprodukten ins westliche Wirtschaftsgebiet fiel in den letzten Jahren weit unter den volkswirtschaftlichen Durchschnitt.

Tabelle 31:
Entwicklung der Devisenrentabilität (Erlöse in Valutamark für 1 Mark Export zu Inlandpreisen)

1971	0,421	1985	0,172
1980	0,417	1988	0,139
1983	0,288		

Der Preis der Aufrechterhaltung der Eigenversorgungsstrategie und der gewachsenen Strukturen der DDR-Landwirtschaft war hoch. Auch dieser Bereich der Volkswirtschaft trug dazu bei, das Mißverhältnis von Leistung und Verbrauch ständig zu vergrößern.

C. "Sozialistische Planwirtschaft" - versuchter Perfektionismus und Selbsttäuschung in der Wirtschaftspolitik der SED- Führung

I. Das "gut" funktionierende System von Leitung, Planung und wirtschaftlicher Rechnungsführung

Zu den in den 80er Jahren von der SED-Führung am häufigsten beschworenen Thesen gehört die Formel vom "gut" funktionierenden System der sozialistischen Planwirtschaft verbunden mit der Behauptung, die "Partei habe rechtzeitig auf heranreifende Probleme reagiert". Die DDR-Realität hat diese These ad absurdum geführt.

Diese Absurdität zeigte der 1. Abschnitt in den Ergebnissen von vierzig Jahren Planwirtschaft. Im 2. Abschnitt wird das Instrumentarium der Wirtschaftspolitik, das "funktionierende System der Leitung, Planung und wirtschaftlichen Rechnungsführung" in seiner eigentümlichen Vermischung von innerer Logik und subjektivistischen Verzerrungen zu sezieren versucht. Die innere Logik gab die Doktrin, daß vor die Effizienz der Wirtschaft die Machtausübung und -erhaltung der Partei zu stellen ist. Faktoren, die dabei hinderlich wären, wie gemischte Eigentumsformen, mündige Unternehmen, freie Preise, eine selbständige Notenbank, freier Außenhandel, Tarifhoheit, waren konsequenterweise keine Instrumentarien der DDR-Planwirtschaft.

Subjektive Auffassungen, vornehmlich von Honecker und Mittag, wurden schnell und unmittelbar zu Bestandteilen des Planungssystems und entsprechend "theoretisch untermauert". Dafür gab es durchaus "historische Wurzeln". Erinnert sei in diesem Zusammenhang nur an den Einfluß Stalins auf das sowjetische Planungssystem, das die Grundlage für die Planwirtschaft in der sowjetisch besetzten Zone und der nachfolgenden DDR wurde. Auch unter Ulbricht war die direkte Einflußnahme auf das Planungssystem eher die Regel als die Ausnahme. Doch zu keiner Zeit in der 40jährigen Geschichte der DDR hatte der Subjektivismus einen so verhängnisvollen Spielraum und Einfluß auf das Planungssystem wie in den 80er Jahren, als der Führungsanspruch der SED in immer stärkerem Maße in Widerspruch zur Realität geriet.

I. Das System der Leitung, Planung und Rechnungsführung

Der Begriff Planungssystem subsumiert die Art und Weise der Planung sowie die dafür erforderlichen Regeln, die in Form von Gesetzen und Verordnungen von der Regierung erlassen wurden. Diese Gesetze und Verordnungen, verkürzt als Planungsordnung bezeichnet, waren ein Werk von vielen hundert Seiten, das in seiner Gesamtheit nur von wenigen Spezialisten überblickt und beherrscht wurde.

Alle Kombinate, Betriebe und Einrichtungen waren dieser Planungsordnung unterworfen, d.h. sie mußten nach den in der Zentrale bis ins einzelne festgelegten Vorschriften planen. Ausnahmen bildeten kleine Betriebe und Dienstleistungseinrichtungen, die nach sogenannter verkürzter Nomenklatur ihre Pläne aufstellen konnten und natürlich solche Bereiche wie das Ministerium für Staatssicherheit, die Nationale Volksarmee, die Parteien bzw. deren Betriebe, für die gesonderte Regelungen existierten.

Abgesehen von entscheidenden, wie die Praxis bewies, falschen Ausgangsprämissen des Planungssystems, auf die noch eingegangen wird, war die Planungsordnung schon aus technisch-organisatorischen Gründen ständig Gegenstand von Auseinandersetzungen zwischen Kombinaten, Ministerien und der Staatlichen Plankommission als oberste Planungsinstanz. Zwar wurden in Arbeitskreisen mit Vertretern aus Betrieben, kommunalen und zentralen Organen immer wieder Versuche unternommen, die Sorgen der Betriebe zu berücksichtigen, aber die dafür von der SED-Führung vorgegebene Losung "was der Volkswirtschaft nutzt, muß auch dem Kombinat nutzen" stand zu sehr dem täglichen Erleben der Kombinate mit der zentralen Kommandowirtschaft entgegen, als daß sich daraus neue wirtschaftliche Ansatzmöglichkeiten hätten ergeben können. Darüber hinaus gelang es nur selten, die Planungsordnung rechtzeitig vor Beginn der Planungsabschnitte, etwa vor der Erarbeitung von 5-Jahrplänen, fertigzustellen und zu ermöglichen, daß sich wenigstens alle Beteiligten damit vertraut machen konnten. Die Folge waren Ausnahmeregelungen, die natürlich die Übersichtlichkeit der Planungsprozesse weiter einschränkten und immer mehr zu einer formalen Arbeit führten.

Hinzu kamen angesichts der ständig schwieriger werdenden Probleme in der Wirtschaft subjektive Eingriffe der von Mittag geführten sogenannten Wirtschaftskommission beim ZK der SED. Durch sie wurden neue Bestimmungen initiiert oder andere außer Kraft gesetzt, die das Regelwerk der Planung immer mehr aushöhlten, seine o.g. gewisse innere Logik zerstörten und es zu einem für die praktische Arbeit der Kombinate und Betriebe unbrauchbaren Instrument werden ließen. So wurde das Planungssystem selbst zu einer Fessel für Überlegungen, eine neue Art und Weise der wirtschaftlichen Tätigkeit zu entwickeln.

Die reale wirtschaftliche Situation der DDR erforderte Veränderungen, das spürten viele der in den Betrieben und Kombinaten tätigen Menschen, sowohl Arbeiter als auch Wirtschaftsfunktionäre. Immer weniger konnte die Behauptung der SED-Führung überzeugen, daß die DDR keinen Reformbedarf habe. Allerdings wurden die Menschen verunsichert durch die sich im Zusammenhang mit den Reformbestrebungen in Ungarn, Polen und vor allem der Sowjetunion zeigenden Erscheinungen des Verfalls staatlicher Autorität und zunehmender Versorgungsprobleme in allen Bereichen des täglichen Lebens, d.h. sowohl in der Produktion, im Angebot von Konsumgütern als auch bei Dienstleistungen. Sie vermochten die Ursachen dieser Probleme nicht zu erkennen und sahen demzufolge keine Alternative zur offiziellen Propaganda der SED- Führung. Gemessen an der Entwicklung in anderen RGW-Ländern erwies sich die DDR-Wirtschaft immer noch am leistungsfähigsten. Trotzdem, die These vom mangelnden Reformbedarf in der DDR befand sich zu sehr im Gegensatz zur Volksmeinung, die in der kritischen Bestandsaufnahme der Perestroika sehr wohl die eigenen Probleme wiedererkannte.

Die Systemauseinandersetzung begann sich zum Zwei - Fronten- Krieg zu entwickeln. Daß das planwirtschaftliche Modell von Anfang an der Kritik des "Klassenfeindes" ausgesetzt war, wurde hingenommen. Daß aber zunächst in Ungarn, später in Polen und schließlich in der Heimstatt des Sozialismus, der UdSSR, das herkömmliche System der Zentralverwaltungswirtschaft in Frage gestellt wurde, das rüttelte an den Grundfesten der Existenz der DDR, war es doch gerade in der DDR in besonders perfekter Weise ausgestaltet worden. Typisch preußisch-deutsche Tugenden hatten in den Strukturen und Funktionsprinzipien des "demokratischen Zentralismus" ein fruchtbares Betätigungsfeld der Bürokratie gefunden. Das Wort Reform, lange Zeit verpönt, mußte unter dem Eindruck der Vorgänge in der UdSSR schließlich wieder Eingang in den offiziellen Sprachschatz finden. Im Grunde diente aber alles, was dann an Neuerungen und "Reformen" eingeleitet wurde, der Verfestigung des historisch gewachsenen Systems. Das Wesen dieser "Vervollkommnung" bestand darin, immer mehr Entscheidungen zu zentralisieren, ihnen immer weniger objektive Erfordernisse, sondern zunehmend subjektive Erwägungen und Wunschvorstellungen zugrunde zu legen. Trotz alledem schien das Wirtschaftssystem der DDR auf längere Sicht gefestigt und in den Augen orthodoxer Zentralisten gegenüber den Stagnations- und Inflationserscheinungen in den Reformländern die einzig mögliche sozialistische Alternative zur "kapitalistischen" Marktwirtschaft zu sein. Die relativ günstige ökonomische Lage der DDR gegenüber anderen osteuropäischen Ländern diente einer ausgeprägten Erfolgspropaganda als Legitimation für den "erfolgreichen Weg". Um die Ab-

I. Das System der Leitung, Planung und Rechnungsführung

schaffung des falschen Systemansatzes der zentralistischen Wirtschaft auch in der DDR auf die Tagesordnung zu setzen, waren ein hohes Reifestadium der aufgestauten Widersprüche, der immer offensichtlichere extreme Grad der Effizienzüberlegenheit der westlichen Marktwirtschaft, die Aufgabe der Breshnewdoktrin und die politische, geistige und ökonomische Umgestaltung unter Gorbatschow zugleich notwendig. Die durch die Kommunikation bedingten äußeren Einflüsse und die im Zentrum Europas nicht länger aufrechtzuerhaltende Selbstisolation spielten dabei eine wesentliche, wenn nicht sogar entscheidende Rolle.

Vom Zusammenbruch des Gesellschaftssystems in der DDR ging im Herbst 1989 eine Signalwirkung auf die zuvor noch wenig reformfreudigen europäischen RGW-Länder CSSR, Bulgarien und Rumänien aus. Mit der DDR war das Bollwerk zentralistischer Kommandowirtschaft gefallen und der Weg zu einer ausschließlich marktorientierten Wirtschaftsorganisation in den RGW-Ländern frei. Bei allen durchaus vorhandenen Modifikationen der zentralen Kommandowirtschaft in den verschiedenen Ländern wiesen sie eine Reihe grundlegender Gemeinsamkeiten auf, mit denen sie der Marktwirtschaft letztendlich unterlegen sind:

- Die bestimmende Eigentumsform war das als Volkseigentum deklarierte Staatseigentum an wichtigen Produktionsmitteln. In keinem einzigen sozialistischen Land waren Formen gefunden worden, um dieses Eigentum als Volkseigentum tatsächlich zur Wirkung zu bringen. Es blieb für den Einzelnen wie für die Kollektive anonym. Mit ihm entwickelte sich weder ein Eigentümerbewußtsein, noch eine Eigentümerverantwortung. In keiner Weise war es in der Lage, die mit dem Privateigentum und seinen Vergesellschaftungsformen verbundenen Leistungsantriebe zu ersetzen.

- Staatseigentum erfordert und ermöglicht a priori die zentrale Verwaltung und Steuerung und schließt damit Eigenverantwortung und Eigeninitiative der Unternehmen und Kommunen weitgehend aus. Der dafür notwendige Aufbau vertikaler, hierarchischer Strukturen tendiert zum Monopol und zur Zerstörung unmittelbarer horizontaler Beziehungen über den Markt. Die Konkurrenz als mächtige Triebfeder der Innovation, der Steigerung der Produktivität, Rentabilität und Qualität wird ausgeschaltet. Zugleich ist die zentrale Planung selbst unfähig, die Vielfalt der Beziehungen zwischen Angebot und Nachfrage und die zu ihrer Vermittlung notwendigen Aktivitäten, wie sie vom Markt her signalisiert und über ihn vollzogen werden, zu koordinieren.

- Zentralistische Planwirtschaft ist ihrem Wesen nach Naturalwirtschaft. Der sozialistische Anspruch, der direkten Bedürfnisbefriedigung höchste

Priorität einzuräumen, sie nicht dem "Profitstreben des Kapitals" unterzuordnen und von den spontanen Wirkungen des Geldes zu befreien, bedingte die bewußte Mißachtung des Wertgesetzes, insbesondere in der Preisbildung sowie die Einschränkung der allgemeinen Äquivalenz des Geldes. Die Gesellschaft war objektiver Kriterien für die Verteilung der Güter und Produktionsfaktoren beraubt. Die Einheit materieller und finanzieller Prozesse wurde zerstört. Unzulässige Geldschöpfungen und inflationäre Prozesse wurden unausweichlich, wenn die Führung in sozialem "Beglückungsdrang" mehr verteilt als erwirtschaftet wurde. Ungleichgewichte von Angebot und Nachfrage, permanenter Mangel an Gütern und Leistungen, wachsender Geldüberhang bei der Bevölkerung und in der Wirtschaft gehörten zu unausbleiblichen Begleiterscheinungen. Sie bildeten den Nährboden für Spekulation, Amtsmißbrauch und Korruption.

- Sozialistischer Gerechtigkeitsanspruch war - das hat die Praxis in allen Ländern des "real existierenden Sozialismus" bewiesen - in erster Linie Anspruch an die Verteilung und nicht an die Leistung. Das System tendierte objektiv zur Gleichmacherei, es bestrafte die Fleißigen und belohnte die Faulen, es schätzte die kreative Arbeit gering und überbewertete Sozialansprüche. Die Arbeitsmoral verfiel und machte einem ausgeprägten Anspruchsdenken und Schmarotzertum Platz. Was selbst nicht geleistet wurde, sollte von anderen erarbeitet werden.

Damit das Wirtschaftssystem mit allen seinen Widersprüchen überhaupt so lange existieren konnte, bedurfte es entsprechender politischer und administrativ-bürokratischer Strukturen. Zu ihren wesentlichen Merkmalen gehörte die Verschmelzung von Partei und Staat, der Führungsanspruch der SED und die Inanspruchnahme der Parteibasis durch die Parteiführung, die Gleichschaltung der Medienpolitik, die Unterdrückung demokratischer Bewegungen und die Benutzung pseudodemokratischer Formen, die flächendeckende Observierung der Bürger und ihrer Organisationen, die Ausschaltung aller Nonkonformisten von jedweden Kommandohöhen und die Korrumpierung der "staatstragenden" Kräfte.

Die Beherrschbarkeit des Systems, so beschränkt sie auch immer infolge des Fehlens von Selbstregulierungen bleiben mußte, erforderte einen immer aufgeblähteren Verwaltungs- und Kontrollapparat. Nichts funktionierte mehr ohne zentrale Entscheidung. Das System machte sich selbst unentbehrlich.

Wie konsequent und ängstlich auf die Unantastbarkeit dieses "demokratischen Zentralismus", der sich in Wahrheit immer mehr zum "bürokratischen Zentralismus" entwickelt hatte, geachtet wurde, zeigte sich sogar im Vokabular der SED- Führung. Selbst der Systembegriff, während der Zeit des "Neuen ökonomischen Systems" dem Vokabular der Kybernetik entlehnt, stand lange Zeit auf dem Index. Er implizierte die Anerkennung einer Vielzahl in der Gesellschaft existierender Teilsysteme und deren autonome Selbstregulierung. Zentrale Steuerung und Kompensierung wurde nur dann für notwendig erachtet, wenn zu lösende Probleme die Kompetenz oder die Ressourcen der Teilsysteme überschritten bzw. die Stabilität oder Existenz des Gesamtsystems gefährdeten. Diese Auffassung paßte so gar nicht zum alles beherrschenden Führungsanspruch der Partei.

Deshalb wurde die Systemtheorie zu Beginn der 70er Jahre aufgegeben und sogar verpönt. Der neuerlich unter dem Eindruck der Perestroika wiederverwendete Begriff des Systems war deshalb keine Rückkehr zu Selbstregulierungstheorie, sondern Synonym für ein umfassend gestaltetes zentralistisches administrativ-bürokratisches Modell der Leitung der Wirtschaft. Zu seinen Hauptbestandteilen wurden die zentrale staatliche Leitung und Planung grundlegender volkswirtschaftlicher Prozesse, das Bilanzsystem als "tragendes Gerüst" der Planung, die zweistufige Leitungsstruktur mit den Kombinaten als "Rückgrat" der Planwirtschaft, die Leistungsbewertung, das Preisbildungsmonopol des Staates, die der Planung materieller Prozesse untergeordnete Haushalts- und Kreditwirtschaft, die sogenannte leistungsorientierte Lohnpolitik und das staatliche Außenhandels- und Valutamonopol gerechnet.

Tatsächlich hatte es in den zurückliegenden 20 Jahren, namentlich im letzten Jahrzehnt, umfangreiche Veränderungen in der Organisation und den Methoden der Leitung, Planung und Stimulierung gegeben. Sie ergaben sich stets aus der Logik der Machterhaltung, gelangten jedoch in keiner Weise in die Nähe einer Demokratisierung des Wirtschaftsgeschehens wie sie das "Neue ökonomische System" der 60er Jahre in Ansätzen enthielt, geschweige denn zu einer wie auch immer orientierten Marktwirtschaft.

II. Die volkseigenen Betriebe und Kombinate - Produkt und Spielball der zentralistischen Wirtschaftsleitung

In allen wirtschaftlichen Fragen freie Unternehmen sind die entscheidende und unverzichtbare Grundlage der Marktwirtschaft. Daß die Unternehmen dabei die existenziellen Belange der Gesellschaft, schon im eigenen Interesse, zu berücksichtigen haben, ist heute allgemein anerkannt und sowohl in der politischen Programmatik der Parteien als auch in den entsprechenden Gesetzen der demokratischen Länder verankert. Die freien Unternehmen haben also in der Marktwirtschaft eine Schlüsselrolle inne.

Eine ähnliche Schlüsselfunktion sollte entsprechend den Vorstellungen der Anhänger der Planwirtschaft den volkseigenen Betrieben zukommen. Und in der Tat haben die VEB in vielfältiger Weise eine besondere Rolle in der wirtschaftlichen Entwicklung der DDR gehabt. Jedoch unterlagen ihre Entwicklung und ihr Einfluß sehr unterschiedlichen Bedingungen. Unmittelbar nach dem Ende des 2. Weltkrieges, in den Jahren des Wiederaufbaus, waren die Betriebe Basis der Ingangsetzung der Produktion, der Erzeugung der lebensnotwendigsten Güter einerseits und andererseits ebenso Basis des politischen Lebens, das vor allem von der SED gestaltet wurde.

Es war durchaus verständlich, daß nach dem Erleben des furchtbaren Krieges die Menschen eine Chance darin sahen, die Betriebe, die sie zu einem nicht geringen Teil durch ihrer Hände Arbeit aus den Trümmern wiederaufgebaut hatten, auch selbst zu verwalten. So ist die anfänglich relativ hohe Motivation der Arbeiter und Angestellten in den volkseigenen Betrieben zu verstehen. Um so bemerkenswerter ist es, wie durch die SED-Führung die Selbständigkeit der Betriebe Schritt für Schritt eingeschränkt, historische Bindungen zerstört und die Entfremdung zwischen den Arbeitern und Angestellten einerseits und dem Volkseigentum andererseits herbeigeführt und stetig beschleunigt wurden. Es soll an dieser Stelle vor allem auf die rigorose Kombinatsbildung in der Honecker-Ära eingegangen werden, in der die ursprünglich mit soviel Hoffnung wieder in Gang gesetzten und aufgebauten Betriebe zu mehr oder weniger namenlosen Kombinatsteilen degradiert wurden und ihre Identität weitgehend verloren.

Der Bildung der Kombinate in der DDR lagen zwei Grundthesen marxistisch-leninistischer Auffassung von der Wirtschaft zugrunde. Zum einen wurden die Produktion und die Verteilung im Sozialismus als unmittelbar gesellschaftlich, frei von privaten Formen der Herstellung und Aneignung, verstanden. Die Volkswirtschaft wurde behandelt wie ein einziges riesiges Unternehmen, innerhalb dessen es keine Konkurrenz gab und zu geben braucht. Mithin kommt dem Staat selbst die Funktion der Unternehmensleitung zu. Zum anderen wurde in der höchstmöglichen Kombination der Arbeit der Weg zu höchster Effizienz gesehen. Marx schrieb bezugnehmend auf die Ökonomie der Maschinerie, "... daß sie nur möglich ist für den kombinierten Arbeiter und sich oft erst verwirklichen kann bei Arbeiten auf noch größerer Stufenleiter, daß sie also noch größere Kombination von Arbeitern unmittelbar im Produktionsprozeß erheischt."[14] Ebenso "... werden erst bei großer Stufenleiter der Produktion die Ökonomien möglich, die aus der gemeinschaftlichen produktiven Konsumtion hervorfließen."[15] Ausgehend von diesen Grundthesen hatte die Führung in der DDR seit jeher den Prozeß der Konzentration und Zentralisation der Leitung vorangetrieben. Als ein wesentliches Problem in der Leitungshierarchie erwies sich dabei die Unmöglichkeit, einige tausend Betriebe aus der Zentrale heraus ohne Zwischenglieder zu leiten. Diese Rolle übernahmen zunächst Hauptverwaltungen, später die Vereinigungen volkseigener Betriebe. Über ihnen existierten Zweigministerien bzw. zwischenzeitlich der Volkswirtschaftsrat, denen von der Entscheidungskompetenz her - unabhängig vom Sitz im Ministerrat - die Staatliche Plankommission übergeordnet war. Die Leitung war mehrstufig, in jedem Fall ausgesprochen administrativ organisiert. Ein derartiger bürokratischer Überbau war aber notwendig, um die Selbständigkeit der Betriebe so weit einschränken zu können, wie es die Funktionsfähigkeit der Zentralverwaltungswirtschaft erforderte.

Mit dem Entstehen des "Neuen ökonomischen Systems" (NÖS) begann 1966 der Prozeß der Kombinatsbildung mit dem Ziel, eine neue Qualität der sozialistischen Produktionsverhältnisse zu erreichen. Dieser Prozeß verlief unstetig und sehr widerspruchsvoll. Als Beispiel sei hier der Werkzeugmaschinenbau genannt, dessen Betriebe im sächsischen Raum reiche Traditionen hatten. Sie waren in der Vereinigung Volkseigener Betriebe WMW zusammengeschlossen, und ihre Erzeugnisse hatten in den 60er Jahren bereits wieder ein beachtliches Niveau erreicht, was nicht zuletzt auf eine wirkungsvolle wissenschaftlich-technische Arbeit in dieser Branche zurückzuführen war. Im Zuge der Kombinatsbildung wurde dieser recht gut funktionierende, organisch gewachsene Branchenverband zerschlagen, und es wurden drei Kombinate gebildet. Diese Neugliederung erfolgte nach umstrittenen technokratischen Gesichtspunkten und ließ Effektivitätsberechnungen völlig außer acht, was nicht ohne Folge bleiben konnte und den Werkzeugmaschinenbau den Anschluß an den westlichen Standard endgültig verlieren ließ.

---

[14] Karl Marx, Das Kapital, Band III, Marx-Engels-Werke, Band 25, S. 91.
[15] Ebenda, S. 134.

Die Kombinate mit eigener wirtschaftlicher Verantwortung stellten für die Zentrale nicht einfach eine geringere Zahl direkt beauflagbarer und zu leitender Wirtschaftseinheiten dar. Sie waren schon aufgrund ihrer Größe zugleich schwierige Bollwerke für die Durchsetzung gesamtgesellschaftlicher Ziele. Die Vereinigungen volkseigener Betriebe, ohne wirtschaftliche Verantwortung für ihre Leitungstätigkeit, waren für die Weitergabe des Willens der Zentrale gegenüber den Unternehmen geeigneter als die Kombinate, die für die Sicherung ihrer Wirtschaftlichkeit eigene Strategien, eigene strukturelle Konzeptionen entwickeln mußten.Der Prozeß der Kombinatsbildung - in den 60er Jahren waren insgesamt 48 entstanden - fand deshalb mit der Beendigung des NÖS-Experiments einen vorläufigen Abschluß. Mehr Eigenständigkeit war erst einmal nicht gefragt.

Wenngleich primär unter anderen Gesichtspunkten erfolgt - nämlich mit dem Ziel der Liquidierung nichtstaatlichen Eigentums an Produktionsmitteln - muß auch die sogenannte Umwandlung privater, halbstaatlicher und genossenschaftlicher Betriebe in volkseigene Betriebe in den Prozeß der zunehmenden Zentralisierung der Leitung der Wirtschaft eingeordnet werden. Für diese Aktion im Frühjahr 1972, reichlich ein Jahr nach dem Machtwechsel in der SED- Führung, ist unschwer die persönliche Verantwortlichkeit Honeckers festzustellen. In jedem Fall schuf die Bildung von vielen tausend neuen, unter gänzlich anderen Bedingungen entstandenen volkseigenen Betrieben neue Notwendigkeiten ihrer Einbindung in die zentralverwaltete Wirtschaft. Eingliederungen in größere VEB oder Kombinate waren - so sehr auch anfänglich von der Führung untersagt - innerhalb einer Branche nur zu normal und deshalb auf die Dauer nicht aufzuhalten. Viele, ehemals selbständige, private, halbstaatliche oder genossenschaftliche Betriebe mit eigenem Produktionsprogramm an Finalerzeugnissen, wurden als volkseigene Betriebe ohne Rücksicht auf deren Interessen zu ausgesprochenen Zulieferbetrieben umprofiliert.Infolgedessen verschwanden viele der sogenannten "1000 kleine Dinge" vom Markt. Die Zentralverwaltungswirtschaft hatte ein neues Problem und sich ein neues Objekt der Entfaltung bürokratischer Tätigkeit geschaffen. Die Masse der Betriebe blieb aber, bezirks- oder kreisgeleitet, dem unmittelbaren Zugriff der Zentrale noch entzogen.

Nachdem der Prozeß der Kombinatsbildung in der zentralgeleiteten Industrie Ende der 70er Jahre in einer neuerlichen Aktion, mit Beschlußfassung über jedes einzelne Kombinat im Sekretariat des ZK der SED forciert und rasch abgeschlossen wurde, war auch die Zeit reif für die Bildung von insgesamt 95 bezirksgeleiteten Kombinaten. Die leitungsmäßige Zentralisation hatte damit auch für diesen Bereich den für die Zentralverwaltungswirtschaft notwendigen Grad erreicht.

Die Bildung von Kombinaten diente nach den herrschenden Auffassungen nicht vorrangig der Stärkung ihres Einflusses auf dem Markt, sondern vor allem der Sicherung der zentralen Machtausübung. In den 70er Jahren war nach der Abkehr vom Neuen ökonomischen System der Mechanismus der Planung, Abrechnung und Kontrolle so "vervollkommnet" worden, daß die Kombinate sich dem Griff der Zentrale nicht mehr zu entziehen vermochten. Ein Beispiel dafür ist die Fünfjahrplanung nach Kombinaten aus der Staatlichen Plankommission heraus. Fest installiert in den Kombinaten wurden dazu auch Parteiorganisatoren des ZK der SED. Sie hatten eine Doppelfunktion, als Parteisekretäre der Kombinatsbetriebe sowie als Nomenklaturkader des ZK der SED und mithin als direkte Beauftragte seines Wirtschaftssekretärs Mittag. Sie waren mit allen Vollmachten zur Kontrolle der Generaldirektoren ausgestattet. Beide, Generaldirektoren und Parteiorganisatoren des ZK der SED, wurden von Mittag - einem fanatischen Anhänger des Kombinatsgedankens - seit Beginn der 80er Jahre immer unmittelbarer, vorbei an der Verantwortung der Minister oder überhaupt der Staatsorgane, angeleitet. Höhepunkte waren die Leipziger Seminare. Mit zunehmenden Bilanzierungsschwierigkeiten der Zentrale fanden sich Generaldirektoren und Parteiorganisatoren des ZK auch immer öfter direkt am Tisch von Mittag wieder.

Die Charakteristik der staatlichen Leitung der Kombinate wurde bestimmt durch die Stellung des Generaldirektors als unmittelbar Untergebener des Ministers und gleichzeitig als Direktor des Stammbetriebes des Kombinates. In der "unheiligen" Dreifaltigkeit eines Auftragsempfängers und Rechenschaftspflichtigen am Tisch des Ministers, des Managers eines Großunternehmens und eines mit allen operativen Problemen der Sicherung der Produktion belasteten Betriebsdirektors sollte der Kompromiß zwischen zentraler Kommandowirtschaft und erfolgsorientierten Unternehmungen ausgetragen werden. Die Praxis zeigte, daß die Grundidee so nicht zu verwirklichen war. Insbesondere in ihrer Eigenschaft als Betriebsdirektoren wurden die Generaldirektoren zumeist gedoubelt.

Die Rolle der Kombinate in der Volkswirtschaft war - ganz dem Gedanken der Zentralisation verpflichtet - von 2 Wesensmerkmalen bestimmt, von ihrer Monopolstellung und ihrer Autarkie. Die Kombinatsform als die Kombinierung vertikaler, in Folgestufen ablaufender Prozesse - wie etwa in der Metallurgie - ist keine Erfindung sozialistischer Zentralverwaltungswirtschaft, sondern vielmehr Ausdruck rationeller Produktionsorganisation. Vertikal gegliederte Kombinate, auch außerhalb technologischer Notwendigkeiten, sondern einfach durch leitungsmäßige Zusammenführung der verschiedenen Verarbeitungsstufen auf dem Wege vom Rohstoff bis zum Finalprodukt, hätten in einer Zentralverwaltungswirtschaft durchaus sinnvoll sein können und die DDR sicher vor manchem Proportionalitätsproblem bewahrt. Die Kombinatsbildung in der DDR war aber vor allem der horizontale Zusammenschluß von Produzenten mit gleichem oder ähnlichem Produktionsprogramm, wobei für manche Kombinate recht wunderliche Restposten zusammengekehrt wurden.

Vernünftige ökonomische Überlegungen, Effektivitätsberechnungen oder gar wirtschaftswissenschaftliche Untersuchungen wurden nicht in Betracht gezogen. Eher wurden schon Wünsche von Bezirkssekretären der SED berücksichtigt, die sich benachteiligt fühlten, wenn in "ihren" Bezirksstädten zu wenige Kombinate ihren Sitz haben sollten. Die Kombinatsbildung war vor allem Ausdruck des Wunsches der SED-Führung, eine "perfekte" Organisationsform für die Zentralverwaltungswirtschaft zu schaffen und uneingeschränkten Einfluß durchzusetzen. Ganz bewußt wurde die Monopolisierung verwirklicht und alles, was im weitesten Sinne als Konkurrenz oder Wettbewerb hätte verstanden werden können, ausgeschaltet.

Im Erfahrungsaustausch der RGW-Länder galt den Kombinaten der DDR deshalb immer vorrangige Aufmerksamkeit. Nur auf diesem Wege war es möglich, die Gesamtverantwortung der Zentrale in Teilen den Kombinaten zuzuschieben. Wer Alleinhersteller war, mußte auch Alleinversorger des Marktes sein. Im Verständnis der Zentralverwaltungswirtschaft war das ein ganz entscheidendes Kettenglied, um sonst nicht herstellbare Interessenübereinstimmungen zwischen der Gesellschaft als Ganzes und den Teilbereichen zu erzielen. Ganz in diesem Sinne wurden die Kombinate zunehmend an ihre volkswirtschaftliche Verantwortung gemahnt. Was jedoch die Kombinate entsprechend ihrer Bilanzverantwortung an Produkten für den Markt nicht aufbrachten, stellten sie der Zentrale am Ende doch wieder in Rechnung. Wenn infolge zu geringer Akkumulation und wirtschaftlicher Motivation die eigene Leistungskraft nicht ausreichte, aber die Versorgung gewährleistet werden mußte, waren Importe notwendig. Dafür funktionierten die Schattenseiten des Monopols umso besser. Mangelnde Innovationsfreudigkeit, Abstriche in bezug auf Zuverlässigkeit und Qualität, Diktat der Lieferbedingungen und - mit Zuhilfenahme des Staates - des Preises waren an der Tagesordnung. Die Mängel mußten umso größere Wirkung haben, da die Verbraucher keine Alternative in den äußeren Märkten hatten. Der Weg zu Importen führte nur über das Monopol des Bilanzkombinates und ein bürokratisches Importgenehmigungsverfahren. Der Problematik der horizontal gegliederten Kombinate wurde sich Mittag zunehmend bewußt. So versuchte er durch Entscheidungen zu einzelnen Produktionsprogrammen nachträglich Konkurrenzsituationen zu schaffen, z. B. mit der Teilung der Verantwortung für die Herstellung von elektronischen Schaltkreisen zwischen den Kombinaten Mikroelektronik und Carl Zeiss oder mit der von ihm festgelegten Aufnahme einer Fahrradproduktion im Motorenwerk Nordhausen.

Die fehlende Vertikalisierung sollte überwunden werden durch weitgehende Aufspaltung von Zulieferungen und die Zuordnung ihrer Betriebe zu Finalproduzenten. Was dabei innerhalb einer monopolisierten Wirtschaft noch als Vorteil gelten konnte, die einheitliche Leitung solcher universell versorgender Branchen wie Wälzlager und Normteile, Elektromotoren, Armaturen und Hydraulik, wäre dabei - hätte es nicht erhebliche Widerstände gegeben - noch zerschlagen worden.

Bestrebungen zur Vertikalisierung gab es insbesondere in den 80er Jahren im Zusammenhang mit der Herausbildung des zweiten Wesensmerkmals der Kombinate, ihrer Autarkie. Im Abschnitt III. wird noch auf die Eigenversorgung mit Rationalisierungsmitteln und Zulieferungen sowie auf den Zwang zur Lieferung von Konsumgütern eingegangen werden. Unbestritten wachsen mit der Größe der Unternehmen die Anforderungen an die Komplexität der Prozesse. Große Konzerne kommen z. B. ohne eigene leistungsstarke Entwicklungsbereiche oder Vertriebsorganisationen nicht aus. Die Tragik der DDR-Kombinatsbildung bestand aber vielmehr darin, daß alle und jede Produktion, die sich international viel kostengünstiger in spezialisierten und Mittelbetrieben strukturiert, nach den Maßstäben großer Konzerne zentralisiert wurde. Die Eigenverfügbarkeit über materielles und personelles Potential war vielleicht in der total verplanten Wirtschaft das immer noch beste Mittel, um wenigstens innerhalb der Wirtschaftseinheiten ein gewisses Maß an Beweglichkeit für strukturelle Anpassungen zu erreichen. Eigene Bauabteilungen, eigener Rationalisierungsmittelbau, eigene Forschungs- und Projektierungseinrichtungen, eigene Zulieferkapazitäten bedeuteten den sichersten Zugriff zu allem, was für die Entwicklung des Kombinates nötig war.

Nach dem Willen von Mittag sollten sich die Kombinate durch die einheitliche Leitung des gesamten Reproduktionsprozesses in der Hand des Generaldirektors, über alle Phasen hinweg von der Forschung und Entwicklung bis hin zum Absatz der Erzeugnisse, auszeichnen. Es sollte daher nur eine Leitungslinie und eine Unterstellung, die des Generaldirektors unter den übergeordneten Fachminister, geben. Diese Forderung vertrug sich indessen schlecht mit dem "Teile und Herrsche" in der Zentrale. In der Tat berührten die verschiedenen Teile des Reproduktionsprozesses die Kompetenzen der verschiedensten zentralen Organe. Was im Kombinat zusammengeführt war, blieb in der Zentrale Ressortangelegenheit der Staatlichen Plankommission, verschiedenster Ministerien und Ämter. Den

Zweigministern fiel dabei eine Koordinierungsfunktion zu. Wie durch einen Trichter sollten die verschiedenen Anforderungen der Zentrale den Generaldirektor erreichen. Tatsächlich blieb es dabei aber nicht. Die aus der Zentralverwaltungswirtschaft selbst herrührende Vielfalt der durchzusetzenden gesamtgesellschaftlichen Bedürfnisse erforderte immer wieder die Einmischung verschiedener zentraler Organe in die Kompetenz der Generaldirektoren.

Am deutlichsten trat der Widerspruch zwischen zentralverwalteter Kommandowirtschaft und komplexer Eigenverantwortung der Kombinate mit der Eingliederung der Außenhandelsbetriebe in die Kombinate auf. Wenn die Kombinate für den krönenden Abschluß ihrer gesamten Arbeit, den "salto mortale" der Ware auf dem Markt verantwortlich sein sollten, mußten sie auch über die notwendigen Absatzorgane verfügen können. Die Außenhandelsbetriebe waren zuvor allein dem Minister für Außenhandel unterstellt. Anfang der 80er Jahre erfolgte ihre doppelte Unterstellung unter den Generaldirektor des Kombinates und den Minister für Außenhandel. Was in sich logisch erschien, erwies sich schon bald als Problem. Eine Wirtschaft ohne liberalisierten Außenhandel, ohne konvertierbare Währung und ohne wesentliche ökonomische Steuerungsmechanismen für den Export und Import konnte sich nicht tatsächlich am Markt orientieren, sondern bedurfte zahlreicher administrativer Beauflagungen und Eingriffe. Die Exportstrategie der Kombinate stand dem notwendigen Zahlungsbilanzausgleich nach Ländern und Währungsgebieten oft genug entgegen, und die Außenhandelsbetriebe gerieten mehr und mehr in das Fahrwasser der Kombinate. Die "Diener zweier Herren" drohten der Zentralverwaltung zu entgleiten. Mitte der 80er Jahre wurden daraufhin die Generaldirektoren der Außenhandelsbetriebe disziplinarisch kurzerhand dem Minister für Außenwirtschaft allein unterstellt. Die Außenhandelsbetriebe blieben im Kombinatsverband, aber der Chef erhielt seine Anweisungen direkt vom einflußreichen Außenhandelsminister Beil, neben Schalck-Golodkowski der zweite enge Vertraute von Mittag. Das Außenhandels- und Valutamonopol des Staates wurde rigoros durchgesetzt. Die Zentralverwaltungswirtschaft konnte, so sehr das autarke Kombinat ihr eigenes Kind war, auf dessen Gängelung nicht verzichten. Das war so, nicht weil das einer übermächtigen Bürokratie so gefiel, sondern weil die Vielzahl gesellschaftlicher Erfordernisse infolge des Fehlens indirekter Steuerungen nicht anders als durch eine Flut von Plankennziffern, Weisungen, Auflagen und Kontrollen durchsetzbar war. Die doppelte Unterstellung erwies sich, abgesehen von sachlich-fachlicher Anleitung, immer dann als probates Mittel, wenn der Eigenverantwortung der Unternehmen für die Wahrnehmung gesamtgesellschaftlicher Interessen mißtraut werden mußte. Parallelen zum Außenhandel gab es auf dem Gebiet der Qualitätskontrolle oder in der Funktion des Hauptbuchhalters. Er sollte zugleich Soll und Haben des Kombinates oder Betriebes verwalten und "staatlicher Kontrolleur" sein. In dieser Eigenschaft war er dem Minister der Finanzen unterstellt und sollte gegenüber seinem eigenen Betrieb als gesellschaftlicher Ankläger gegen Verschwendung und Unwirtschaftlichkeit auftreten. Viele ihrem beruflichen Ethos verpflichtete, exakt rechnende und gewissenhaft prüfende Hauptbuchhalter wurden mit dieser Fehlkonstruktion verschlissen. Bei sorgfältigster Buchführung über jeden wirtschaftlichen Vorgang im Detail standen sie der großen gesellschaftlichen Unordnung und Verschwendung, ausgelöst durch die grundsätzlichen systembedingten Mängel der zentralen Kommandowirtschaft, im Grunde ohnmächtig gegenüber.

Generell hätte die neue Organisationsstruktur der Wirtschaft, die mit den Kombinaten geschaffen worden war, eine komplexere Arbeit der Zentrale erfordert. Damit wären jedoch die vertikalen Kommandostrukturen in Frage gestellt worden. Es blieb deshalb dabei, daß die jeweiligen Ressorts verantwortlich gemacht wurden für Prozesse, die im Kombinat eben nur Teile eines einheitlichen Ganzen waren: der Minister für Wissenschaft und Technik für die Forschung und Entwicklung, der Minister der Finanzen für die Selbstkostensenkung, der zuständige Staatssekretär der Staatlichen Plankommission für die Investitionen usw. Eine solche Herangehensweise war nolens volens mit einer gefährlichen, zur Beschönigung neigenden Selbstzensur verbunden.

Die extremsten Auswüchse gab es ohne Zweifel auf dem Gebiet von Wissenschaft und Technik. Wollte man der Statistik glauben, entsprach danach der größte Teil der Forschungs- und Entwicklungsergebnisse, vor allem der Staatsplanaufgaben, dem wissenschaftlich-technischen Höchststand. Ähnlich positive Resultate wurden in der Qualitätsentwicklung vermeldet. Die Anerkennung auf den äußeren Märkten ergab da ein ganz anderes Bild. Sinkende Raten der Exportrentabilität zeugten von immer größerem Rückstand gegenüber dem internationalen Niveau. Im Inland aber ergab sich ein Zwangslauf: einmal erreichte Anteile von Spitzenleistungen und höchsten Gütezeichen durften nicht zurückgehen. Der Plan setzte ständig höhere Ziele, denen die Realität nicht entsprach. Der bequemste Weg war, die eigenen Maßstäbe herabzusetzen oder schlichtweg die Ergebnisse zu fälschen. Die Vorgänge auf diesem Gebiet haben viele Parallelen. So wie hier drifteten die Erfolgsmeldungen und die von den Menschen im Alltag erlebte Realität immer mehr auseinander. Es liegt in der Anlage des Systems begründet, daß eben diese Menschen zu Opfern und Tätern zugleich wurden.

III. Eigenerwirtschaftung, Leistungsbewertung, leistungsorientierte Lohnpolitik - Versuche der SED-Führung, systemimmanente Fehler der Zentralverwaltungswirtschaft zu überwinden

Wiederholt wurden durch die SED-Führung Versuche unternommen, systemimmanente Fehler der Zentralverwaltungswirtschaft durch unterschiedliche wirtschafts- und finanzpolitische Experimente zu überwinden. Dazu ist auch der Gedanke der Eigenerwirtschaftung der Mittel zu rechnen, der im Zusammenhang mit dem "Neuen ökonomischen System" erstmals aufgetaucht war. Der Grundgedanke der Eigenerwirtschaftung, der nun unter dem Begriff "Prinzip der Eigenerwirtschaftung der Mittel" wieder auftauchte, bestand in der normativen Teilung des Gewinns zwischen den ihn erwirtschaftenden Betrieben bzw. Kombinaten mit dem Staatshaushalt. In marktwirtschaftlichen Ordnungen wird das über die verschiedenen Formen der Besteuerung verwirklicht, weil nur so ein echtes intensives Interesse der Unternehmen an der Erhöhung ihrer Wirtschaftlichkeit, an steigenden Umsätzen und niedrigen Kosten, an effektiver Forschungs- und Investitionstätigkeit, an minimierten Beständen zu erreichen ist. Voraussetzung dafür war natürlich die wirtschaftliche Selbständigkeit, die freie Entscheidung über die Ausschöpfung aller Möglichkeiten zur Erhöhung der Rentabilität. Aber genau das hätte die Zentralgewalt eingeschränkt und dem Grundprinzip sozialistischer Planwirtschaft, dem Zentralismus, widersprochen. Die ökonomische Selbständigkeit der Betriebe in Form der Eigenerwirtschaftung der Mittel wurde schon in den 60er Jahren verworfen, und auch das Mitte der 80er Jahre wiederholte Experiment sollte, wie wir sehen werden, scheitern.

In der Ära Honecker war lange Zeit an eine Wiederbelebung des "Prinzips der Eigenerwirtschaftung der Mittel" nicht zu denken. Selbst in den Beschlüssen des XI. Parteitages im Jahre 1986 findet sich darüber noch kein Wort. Immer offenkundiger aber wurde, daß unter den Bedingungen stagnierender materieller und humaner Ressourcen die Kommandowirtschaft wenig Anknüpfungspunkte für Leistungsmotivationen bot. Ansteigende zentrale Zuteilungen von Rohstoffen, Importen, Investitionen und Arbeitskräften konnten noch mit wachsenden Anforderungen an die Leistungssteigerung verbunden werden. Der unumgänglich gewordene "Kurs der Intensivierung" verlangte jedoch nach neuen Triebkräften, aus dem vorhandenen Potential einen größeren Nutzen zu ziehen.

Zum anderen waren es die Veränderungen in der UdSSR, bei denen die Eigenerwirtschaftung bzw. Eigenfinanzierung im Zusammenhang mit dem Gesetz über den Betrieb eine wesentliche Rolle spielten, die den Ehrgeiz

III. Eigenerwirtschaftung, Leistungsbewertung und Lohnpolitik   101

Honeckers und Mittags anstachelten, in der Reformierung der Wirtschaft nicht nachzustehen. Der "ungeliebten" Eigenerwirtschaftung wurde deshalb in 16 zentralgeleiteten Kombinaten der Industrie ein Experimentierfeld eingeräumt. Die Organisation der Arbeiten stand unter unmittelbarer Leitung und Kontrolle der zuständigen Abteilungen im ZK der SED. Die einbezogenen Generaldirektoren begrüßten die Maßnahmen und "mobilisierten die Werktätigen" mit dem üblichen propagandistischen und agitatorischen Aufwand, begannen aber auch entsprechende betriebswirtschaftliche Voraussetzungen zu schaffen. Den Ökonomen und Technikern, den Arbeitern und Angestellten brauchte das Wesen der Eigenerwirtschaftung nicht lange erläutert zu werden. Sie empfanden eine feste Vereinbarung über die Teilung des erwirtschafteten Gewinns als überaus normal.

Die praktische Erprobung, die mit der Ausarbeitung des Planes für 1988 begann, verfing sich alsbald im administrativ-bürokratischen System der zentralen Kommandowirtschaft. Das Scheitern der Erprobung war, ehe sie überhaupt zu Ende geführt werden konnte, schon beizeiten absehbar.

Zu den Hauptursachen zählten:

- Die Kombinate und Betriebe waren nicht wirklich frei in ihren Entscheidungen in bezug auf eine marktorientierte Wirtschaft. Sie konnten sich der eisernen Umklammerung durch das Plan- und Bilanzsystem sowie zentraler Eingriffe nicht entziehen. Es durfte nicht das produziert werden, was den meisten Gewinn eintrug, es durfte nicht in jene Länder exportiert werden, in denen die höchsten Erlöse erreicht werden konnten und es konnte nur das an Ressourcen eingesetzt werden, was der Plan vorsah. Für überplanmäßige Gewinne, die tatsächlich von nahezu allen Erprobungskombinaten erwirtschaftet wurden und die anteilig verwendet werden durften, konnten sie in der Mangelwirtschaft nicht die Erzeugnisse kaufen, die sie benötigten.

- Die Mittel für die Finanzierung der intensiv erweiterten Reproduktion, d.h. für die Rationalisierung und Modernisierung der Produktion, richteten sich nicht nach der tatsächlichen Eigenerwirtschaftung, sondern nach den zentralen Zuteilungen. Mit dem System der Zentralverwaltungswirtschaft war eine Objektivierung nach Maßstäben marktwirtschaftlichen Wettbewerbs unvereinbar. Strukturveränderungen wären danach über den Markt reguliert worden. Die Normative der Eigenerwirtschaftung wiesen in Abhängigkeit von den Planzielen eine große Streubreite auf und stellten an die Kombinate sehr unterschiedliche Anforderungen zur Erwirtschaftung der Mittel.

- Die Stabilität der Normative wurde nicht gewährleistet, weil materielle Veränderungen des Planes, z. B. durch zentrale Entscheidungen zu den Investobjekten über 5 Millionen Mark, sofort in der Berechnung der Normative berücksichtigt wurden. Die Prioritäten der Zentrale mußten in jedem Falle gewahrt werden, erschien ihr der Gewinn zu hoch, wurden die Normative verändert.

- Preisbildung unter Ausnutzung von Angebots- und Nachfrageverhältnissen war für die Kombinate gänzlich ausgeschlossen, sie wurden offiziell vom Amt für Preise festgelegt, doch jeder wußte, wie subjektiv die Preise oft von der SED-Führung beeinflußt wurden.

- Das Prinzip der Eigenerwirtschaftung blieb ohne unmittelbaren Einfluß auf die Verbesserung der Arbeits- und Lebensbedingungen und beschränkte sich auf die Bildung der Fonds für die Finanzierung der Investitionen und der Forschung und Entwicklung.

- Der Lohn und die Prämienfonds blieben mit dem Plan zugeteilte, im wesentlichen unveränderliche Größen. Das Mißtrauen der für die Bilanzierung der Geldeinkommen verantwortlichen Planer gegenüber der Eigenerwirtschaftung war groß. Hauptsächlich wurde befürchtet, daß bei einer normativen Verbindung von Leistung und Lohn lange angezogene Bremsen gelöst werden und unkontrollierbare Einkommensentwicklungen eintreten könnten. Es war schließlich das Mißtrauen gegenüber der Qualität der Planziele, ob es auch genügend gelungen war, die potentiell erschließbaren Reserven durch die zentrale Beauflagung erfaßt zu haben.

- Aus "gesellschaftlicher Verantwortung" heraus fürchtete man ebenso, daß bei Nichterfüllung des Planes die Lohnzahlungen nicht in bisheriger Höhe gewährleistet werden könnten. Die Stimulierung der Werktätigen kannte ohnehin seit langem nur die positive Amplitude. Die vielfältigen Störungen im Reproduktionsprozeß konnten nicht dem kleinen Mann zur Last gelegt, und alle Arten von politischen Mißstimmungen mußten vermieden werden. Eine Verbindung der persönlichen Interessen mit dem Interesse des Betriebes an hoher Wirtschaftlichkeit, die ein wichtiges Kettenglied hätte sein können, gelang deshalb mit den Erprobungen zur Eigenerwirtschaftung nicht.

Obwohl der Mißerfolg der Experimente absehbar war, brauchte Honecker das Prinzip der Eigenerwirtschaftung nun auch für die Auseinandersetzung mit kritischen Stimmen zu der übermäßigen Konzentration von Mitteln für seine Sozialpolitik, die den Kombinaten und Betrieben die Basis für die intensiv erweiterte Reproduktion entzog. Kurzerhand drehte er auf der 7. ZK-Tagung im Dezember 1988 den Spieß um:

III. Eigenerwirtschaftung, Leistungsbewertung und Lohnpolitik

"Jeder Generaldirektor, jeder Direktor eines Betriebes spürt jetzt noch genauer, daß er nicht einfach nur Mittel vom Staat fordern kann, sondern selbst die Verantwortung dafür trägt, welche Mittel für die Entwicklung des Kombinates zur Verfügung stehen und wie sie mit größtmöglichen ökonomischen Nutzen eingesetzt werden. Das ökonomische Rechnen, ausgehend von den Zielen des Planes, (dieser Einschub mußte sein - Anmerkung der Verfasser) wird künftig die Leitungstätigkeit auf allen Ebenen stärker bestimmen."

Genau darin lag der unüberbrückbare Widerspruch. In den Kombinaten konnte und wollte man ökonomisch rechnen, setzte eine gewisse Hoffnung in das Experiment, aber durch die Exponenten der zentralen Kommandowirtschaft wurden immer wieder enge Grenzen gezogen und eine echte Eigenerwirtschaftung unmöglich gemacht. Mit dem Prinzip der Eigenerwirtschaftung der Mittel durch die Betriebe bzw. Kombinate war ein weiteres Problem eng verbunden, nämlich die sogenannte Leistungsbewertung. Ein Grundproblem der Zentralverwaltungswirtschaft war die Frage nach dem Beitrag der einzelnen Abteilungen, also der Betriebe bzw. Kombinate, der gesellschaftlichen Produktion zum Besitzstand des ganzen Landes und die Frage nach seiner Messung. In der auf Privateigentum, einschließlich seiner vergesellschafteten Formen gegründeten Marktwirtschaft bildet die Erzielung von Gewinn den eigentlichen Sinn jeglicher Tätigkeit. Dabei ist unbestritten, daß nicht alle Probleme der menschlichen Gesellschaft allein mit der Gewinnorientierung eine wirklich humane und vernünftige Lösung erfahren. Gerade globale Probleme befinden sich vielfach sogar im Konflikt mit ihr. Es ist Sache des Staates und der Staatengemeinschaften, die gesellschaftliche Vernunft in Rahmenbedingungen für das Streben nach Unternehmensgewinnen einzubringen.

Die sozialistische Zentralverwaltungswirtschaft entwickelte sich auf der Basis des Volkseigentums an den Produktionsmitteln mit dem Anspruch, die Ergebnisse menschlicher Arbeit nicht mehr am Gewinn an Geld, sondern an der Verbesserung des Wohlstandes für die Menschen zu messen. Dem Gewinn in der sozialistischen Planwirtschaft hing immer der Schwefelgeruch teuflischen kapitalistischen Profitstrebens an. Ausgehend von seiner Negierung taten sich alle ökonomischen Systeme des Sozialismus bei der Bestimmung der Zielkriterien wirtschaftlicher Tätigkeit seit jeher schwer. Dabei stellen gerade diese Zielkriterien entscheidende Knotenpunkte der Verbindung gesamtgesellschaftlicher und betrieblicher Interessen dar. Im System hunderter von Plankennziffern können nicht alle den gleichen Stellenwert haben. Hier Prioritäten zu setzen, den Wirtschaftseinheiten vorzugeben, worauf es für die Gesellschaft besonders ankommt, sollte der Zweck der Leistungsbewertung sein. Versuche, die vielfältigsten

Bedürfnisse der Gesellschaft in einer einzigen synthetischen Kennziffer ausdrücken zu wollen, die nur nicht dem Gewinn gleich sein durfte, hatte es immer wieder gegeben. Sie waren zum Scheitern verurteilt, nicht zuletzt deshalb, weil der Gewinn als summarischer Ausdruck wirtschaftlicher Ergebnisse einfach unersetzbar ist.

Am ehesten schien für eine Alternative ein Indikator geeignet zu sein, der auf die Bedürfnisbefriedigung ausgerichtet ist. In der Frühzeit der wirtschaftlichen Entwicklung in der DDR, als es kriegs- und nachkriegsbedingt an allem mangelte, schien die "Bruttoproduktion" und ihr Zuwachs die passendste Kennziffer zu sein, denn die Menge, die Quantität hatte absoluten Vorrang. Allmählich stellte sich der permanente Mangel allerdings nicht als entwicklungs-, sondern vielmehr als systembedingt heraus. Von der Bruttobewertung kam man deshalb auch beim Übergang auf die "Warenproduktion" als zentrale Kennziffer nicht ab. Sie blieb bis in die jüngste Zeit hinein stets das Synonym für wirtschaftliche Leistung. Ihrem Wachstum und ihrer Planerfüllung war alles untergeordnet. Zwar wurden ihre Mängel immer offenkundiger. Die Kennziffer Warenproduktion verkörperte weder das real verteilbare Endprodukt, noch orientierte sie auf niedrigen Aufwand. Ganz im Gegenteil, je aufwendiger produziert wurde, desto mehr konnte an Warenproduktion abgerechnet werden.

Es dauerte immerhin bis zum Anfang der 80er Jahre, bevor neben der "Warenproduktion" die "Nettoproduktion", die "Kosten je 100 Mark Warenproduktion" und die "Materialkosten je 100 Mark Warenproduktion" als Hauptkennziffern der Leistungsbewertung salonfähig werden durften. Wie sehr dem Gewinn, der im "Neuen ökonomischen System" schon einmal zum Hauptkriterium erklärt worden war, noch immer mißtraut wurde, zeigt die verschämte Anwendung der Kennziffer "Kosten je 100 Mark Warenproduktion", die ja im wesentlichen nur das Komplement der erlösbezogenen Gewinnrate darstellt.

Mit der weiteren "umfassenden Intensivierung", die nach offizieller Darstellung schon Anfang der 80er Jahre gemeistert worden war, führte jedoch kein Weg mehr am Gewinn vorbei. Ab 1983 wurde der "Gewinn" im Verbund mit der "Nettoproduktion", den "Erzeugnissen und Leistungen für die Bevölkerung" und dem "Export" erstmals wieder zu einer Hauptkennziffer der Leistungsbewertung für die Kombinate erklärt. Nicht ohne Hinweis darauf, daß die "Warenproduktion" auch weiterhin eine wichtige Kennziffer bleibe. Trotz aller anderslautenden Orientierungen ist diese "heilige Kuh" der Zentralverwaltungswirtschaft tatsächlich nie geschlachtet worden. In Verbindung mit einem ausgeprägten Wachstumsfetisch hat diese Kennziffer vielfachen negativen Einfluß auf notwendige strukturelle Veränderungen gehabt. Sie hat die Materialintensität der Produktion gefördert und die

III. Eigenerwirtschaftung, Leistungsbewertung und Lohnpolitik 105

Ausdehnung uneffektiver Kooperation begünstigt. Sie hat die Einführung neuer Erzeugnisse gehemmt und den volkswirtschaftlichen Aufwand in die Höhe getrieben. Auch die Modifizierung der "hergestellten Warenproduktion" zur "abgesetzten Warenproduktion" hatte ihre grundsätzlichen Mängel nicht überwunden.

Der Vergleich mit den Umsatzkennziffern in der Marktwirtschaft hinkt. Umsätze sind hier ganz wesentliche Realisierungsbedingungen für den Gewinn im Kampf gegen härteste Konkurrenz. Solcherart Umsatz war in der sozialistischen Planwirtschaft höchstens beim Export in das westliche Wirtschaftsgebiet zu erzielen, dessen Erfüllung ja auch die allergrößten Schwierigkeiten machte. Dagegen wurde aber in einer Mangelwirtschaft nahezu alles gebraucht. Der Absatz machte so die wenigsten Sorgen. Die "Nettoproduktion" nach der Formel Warenproduktion minus Produktionsverbrauch war da schon ein großer Fortschritt in der Leistungsbewertung, schaltete sie doch prinzipielle Mängel der Kennziffer Warenproduktion aus. Konsequent wäre allein der Gewinn als umfassender Leistungsmaßstab auch der sozialistischen Produktion gewesen. Von der Anerkennung seiner Rolle war jedoch die Zentralverwaltungswirtschaft in der DDR am Ende der 80er Jahre noch weit entfernt. So bleibt auch hier nur das Fazit, der Versuch, die Leistung der Betriebe bzw. Kombinate zu messen, zu vergleichen und zu bewerten, war gescheitert.

Zum Komplex der Versuche, systemimmanente Mängel zu überwinden, gehört die leistungsorientierte Lohnpolitik. Die Lohnpolitik zählt wohl in allen Industrieländern zu den wichtigsten und zugleich sensibelsten wirtschaftlichen Fragen. Natürlich widmete auch die SED-Führung dieser wichtigen Frage entsprechende Aufmerksamkeit und wurde nicht müde, das sozialistische Leistungsprinzip "Jeder nach seinen Fähigkeiten, jedem nach seiner Leistung" als das humanste Prinzip der Entlohnung zu propagieren. Aber auf wohl keinem anderen Gebiet war die Kluft zwischen theoretischem Anspruch und Realität so groß wie auf diesem. Nirgendwo hinterließ die zentrale Kommandowirtschaft ein solches Chaos, wie bei den Lohnfragen.

In den Kombinaten konnte man skurrile Dinge erleben, Transportarbeiter, die ein paar hundert Mark mehr verdienten als hochqualifizierte Entwicklungsingenieure, Meister, die weniger Lohn als die ihnen unterstellten Arbeiter erhielten, aber auch Generaldirektoren, die nicht mit ihrem Minister getauscht hätten, allein des Verdienstes wegen. Aber nicht nur innerhalb eines Kombinates bestanden solche Diskrepanzen. Noch ausgeprägter waren sie zwischen den Branchen der Industrie, faktisch in der gesamten Volkswirtschaft. Wurde die Unzufriedenheit einer Berufsgruppe zu groß oder nahm die Frustration für die Volkswirtschaft katastrophale Folgen an, wurden mit mehr oder weniger großem Propagandaaufwand Lohnregelungen verkündet und vorgenommen. Das Ergebnis bestand jedesmal darin, eine Ungerechtigkeit zu beseitigen und neue zu schaffen. Die Verwirklichung des "sozialistischen Leistungsprinzips" hat der Zentralverwaltungswirtschaft der DDR in ihrer ganzen Geschichte immer erhebliche Probleme bereitet und ist niemals gelungen, weil sich die systemimmanenten Mängel nicht überwinden ließen.

Zum ersten betrifft das die Aufteilung der Konsumtion in individuelle und gesellschaftliche Formen. Die Gestaltung des "entwickelten Sozialismus" war, wie oben quantitativ nachgewiesen, begleitet von dem Anspruch an die Ausweitung der Formen der gesellschaftlichen Konsumtion. Auf diesem Weg ist die Konformität mit den gesellschaftspolitischen Zielen der Führungspartei viel eher durchsetzbar, ist die Befriedigung der Bedürfnisse und Wünsche der Menschen viel leichter zu kanalisieren, kann "sozialistische Lebensweise" viel besser oktroyiert werden als über die individuelle Konsumtion, für die die Menschen eigene Vorstellungen über ihre Bedürfnisse und die Rang- und Reihenfolge ihrer Befriedigung entwickeln. Der Vorrang muß notwendigerweise zur Beschneidung der Mittel führen, die von der Gesellschaft als Entgelt für die Bezahlung der individuellen Arbeitsleistung ausgegeben werden können.

Im Zeitraum zwischen 1971 und 1988 stiegen die Bruttolöhne in der DDR auf 162 %, demgegenüber in der BRD auf 293 %. In der gleichen Zeit kletterten die Zuwendungen des Staatshaushaltes für die Bevölkerung - ohne Subventionen für stabile Preise des Grundbedarfs, Tarife und Dienstleistungen - in der DDR auf 344 %. In der BRD stiegen in diesem Zeitraum die Ausgaben des Bundes und der Länder für das Sozialbudget ebenfalls beträchtlich, auf rd. 285 %, die Ausgaben der privaten Haushalte für soziale Absicherungen dagegen auf über 430 %. Bei allen Unterschieden des Inhalts der Sozialausgaben wird in diesen Entwicklungen jedoch prinzipiell deutlich, daß in der BRD die Leistung anteilig besser bezahlt und dafür der Bürger selbst stärker an der Finanzierung sozialer Leistungen beteiligt wurde: Welcher Weg leistungsfördernder wirkte, ist letztlich durch die wirtschaftlichen Ergebnisse belegt worden.

Zum zweiten gehörte zu den obersten Maximen des Sozialismus der Anspruch auf Vollbeschäftigung. Das gesellschaftliche Eigentum an den Produktionsmitteln und die den volkseigenen Betrieben und Einrichtungen mit den Plänen zugestandenen Lohnfonds garantierten die Vollbeschäftigung in absoluter Weise. Kein verantwortlicher Leiter in Wirtschaft und Staat, im Bildungswesen oder in der Kultur war veranlaßt, irgend jemandem zu kündigen, weil es die Wirtschaftlichkeit des Unternehmens oder ein verminderter Stellenplan erfordert hätte. Letzteres drohte allenfalls von Zeit zu Zeit in Verwaltungsbereichen, deren Hang zur ständigen Vergrößerung, oft genug zu korrigieren versucht, sich am Ende doch immer als stärker erwies. Dagegen herrschte überall Arbeitskräftemangel, obwohl der Anteil der Berufs- bzw. Erwerbstätigen an der Gesamtbevölkerung mit über 50 % in internationalen Vergleichen einen sehr hohen Wert darstellte.

Daß sich der aus der Steigerung der wirtschaftlichen Leistungen mögliche Einkommenszuwachs in der DDR auf eine anteilig größere Beschäftigtenanzahl verteilte und deshalb für den Einzelnen geringer ausfallen mußte, war dabei noch das kleinste Übel. Die garantierte Vollbeschäftigung - so erstrebenswert für den Einzelnen wie als erhaltenswertes gesellschaftliches Ideal - brachte mit den in der DDR praktizierten Methoden nicht unwesentliche Nachteile mit sich. Ganz allgemein mußte der Leistungsdruck geringer sein als in einer Gesellschaft mit einem ständigen Arbeitslosenpotential. Durch die SED-Führung wurde vor einem solchen alternativen Zustand oft genug im Interesse der Systemerhaltung gewarnt. Aber Moral und gerade die Moral der Arbeit läßt sich schlecht predigen. Das Sozialismusverständnis setzte auf die Überzeugung und Erziehung der Menschen zur Arbeit, den Hinweis von Karl Marx gründlich mißachtend, daß es nicht das Bewußtsein ist, das das Sein bestimmt, sondern umgekehrt das gesellschaftliche Sein das Bewußtsein hervorbringt.

Die Bestimmungen des Arbeitsgesetzbuches und anderer Sozialgesetze trugen dazu bei, die Arbeiter und Angestellten gegenüber den jeweiligen Leitern überwiegend ins Recht zu setzen. Unter den Bedingungen zunehmender Störungen im Produktionsprozeß, verursacht durch volkswirtschaftliche Disproportionen, fand die Auseinandersetzung über mangelnde Arbeitsdisziplin und -ergebnisse immer weniger statt. Das Verhältnis von Leistung und Lohn wurde dabei in den letzten Jahren immer mehr zuungunsten der Leistung verschoben.

Diese Tatsache steht mit *dem dritten* systembedingten Nachteil in engem Zusammenhang. Unter sozialistischen Produktionsverhältnissen prallen die Interessengegensätze zwischen Arbeitnehmer und Unternehmern, die einen an hohem Lohn, die anderen an hohem Gewinn interessiert, nicht konträr aufeinander. Der Interessengegensatz trägt sich aus zwischen der volkswirtschaftlichen Gesamtrechnung, die nur verteilen kann, was erwirtschaftet wird, und den einzelnen Gliedern der Gesellschaft.

Was unter Bedingungen privaten Eigentums bis in jeden Betrieb hineinreicht, den Unternehmer bei unzureichender Wirtschaftlichkeit zuallererst zur Begrenzung des flexibelsten Kostenfaktors - Lohn - zwingt, stellt sich in der Zentralverwaltungswirtschaft nur als gesellschaftliches Gesamtproblem dar. Tarifauseinandersetzungen oder gar eine Tarifautonomie der Gewerkschaften gab es de facto nicht. Wieviel an Löhnen und Gehältern gezahlt werden durfte, bestimmte einzig und allein die Zentrale mit dem Plan. Die Zuteilung des Lohnfonds erfolgte dabei wie die aller Ressourcen in Anpassung an die bestehenden Strukturen. Ausgehend vom Primat der Sicherung der Vollbeschäftigung war die Anzahl vorhandener Arbeitskräfte die bestimmende Ausgangsgröße.

Trotz aller Nachweise und Abstimmungen mit den Territorien erwies sich die Planung "toter Seelen" als ein ständiges Problem der zentralen Bilanzierung. Auf diese Weise sicherten sich die Kombinate eine Lohnfondshöhe, mit der nicht nur die Bezahlung aller verfügbaren Arbeitskräfte gesichert war, sondern mit dem auch Überstunden-, Sonn- und Feiertagszuschläge abgegolten und der Durchschnittslohn - die zweite wichtige Grundlage für die künftige Lohnfondsplanung - erhöht werden konnte.

Die Nutzung des Planes als Instrument der Verteilung der Löhne ließ alle Fragen der Tarifgestaltung, die ein stärkeres Mitspracherecht der Gewerkschaften mit sich gebracht hätte, in den Hintergrund treten. Tarife, die als Rudiment des Kapitalismus galten, wurden über Jahrzehnte nicht geändert. Ein Anfang der 70er Jahre von einem FDGB- Kongreß angeregtes Tarifprojekt wurde nach rund 2-jähriger Vorarbeit ganz einfach wieder vergessen.

Planmäßige Lohnerhöhungen konnten unter diesen Bedingungen nur über "weiche Normen", die eine hohe Übererfüllung und damit die Ausschöpfung des zugeteilten Lohnes ermöglichten, realisiert werden. Damit waren negative Wirkungen in zweierlei Hinsicht verbunden. Zum einen minderten solche Normen natürlich den Leistungsdruck. Zum anderen löste die geringe Besteuerung des Mehrleistungslohnes mit nur 5 % den Protest aller Angestellten, die davon nicht partizipierten, aus.

Dieses Problem hatte mit dem Ansteigen der Durchschnittslöhne an Gewicht zugenommen. Tarife und Steuertabellen stammten aus den 40er Jahren, in denen die Löhne weitaus niedriger und die zu zahlenden Steuern im Durchschnitt kaum mehr als 5 % ausmachten. Mit dem Anwachsen der Löhne stieg die Steuerprogression steil an. Selbst mittlere Angestellte hatten bald die oberste Steuergrenze für unselbständige Tätigkeit von 20 % erreicht.

Demgegenüber war der größte Teil der Bruttolöhne der Arbeiter nur mit 5 % besteuert. In zwei Etappen, zunächst Anfang der 60er Jahre, dann noch einmal mit Beginn der Einführung der sogenannten Grundlöhne ab 1976, war eine de facto-Anhebung der Tariflöhne in der Weise vorgenommen worden, daß bisherige Normübererfüllungen als Festbetrag mit einer 5 %igen Besteuerung in den Grundlohn eingingen. Diese bildeten die neue

Basis für die Zahlung des Lohnes bei einer Normerfüllung von 100 %. Damit war der Nachteil der "weichen Norm" beseitigt, die Diskrepanz in der Besteuerung zwischen Arbeitern und Angestellten blieb. Die Wirkung der unterschiedlichen Besteuerung zeigt ein Vergleich der Brutto- und Nettolöhne von Angestelltengruppen mit den Arbeitern.

Tabelle 32:
Vergleich der monatlich durchschnittlichen Brutto- und Nettolöhne in der Industrie (1988) - in Mark -

	Bruttolöhne	Abweichung von Arbeitern	Nettolöhne	Abweichung von Arbeitern
Arbeiter	1.014	-	899	-
Meister	1.312	+ 298	1.017	+ 118
Hoch- und Fachschulkader	1.467	+ 453	1.137	+ 238
techn.-ökon. Fachkräfte ohne Hoch-/Fachschulabschluß	893	./. 121	688	./. 211

In einer Reihe von Betrieben, Kombinaten und ganzen Zweigen lagen die durchschnittlichen Nettogehälter der Meister sogar unter den Verdiensten der Arbeiter, z. B. im Werkzeug- und Verarbeitungsmaschinenbau gegenüber Facharbeitern der Lohngruppe 8 um monatlich 63 Mark und im Schwer aschinen- und Anlagenbau um 50 Mark. Die Zentrale stand diesen Verhältnissen nach mehr als einem Jahrzehnt sogenannter "leistungsorientierter Lohnpolitik" im Grunde genommen ohnmächtig gegenüber. Die Tendenz zur weichen Norm blieb, mußte bleiben, weil die Zentralverwaltungswirtschaft ein Korrelativ von Leistung und Lohn nicht zulassen wollte.

Die "leistungsorientierte Lohnpolitik" wurde vielmehr über eine jährliche Auswahl von sogenannten Grundlohnbetrieben vollzogen, die zusätzlich zum planmäßigen Anstieg der Löhne, gegen eine Verpflichtung zur Überbietung der geplanten Arbeitsproduktivität, weitere Mittel zugeteilt bekamen. Das selektive Vorgehen, quer durch alle Branchen und Territorien, war notwendig, weil die jährlich zur Verfügung stehenden Mittel nicht ausgereicht hätten, um mit einem einzigen Schnitt einen realen Tarifrahmen einzuführen. Vor allem aber wurde die Einführung der Grundlöhne mit einem großen Aufwand agitatorischer und arbeitsökonomischer Unterweisung der auserwählten Betriebe verbunden, was ebenfalls in der Breite nicht möglich war. Den Betrieben sollte geholfen werden, wirklich leistungsfördernde Lohnformen anzuwenden. Was unter anderen gesellschaftlichen Bedingungen als äußerer Zwang wirkt, sollte vor Ort mit der Erfahrung der Besten erreicht werden.

Wo bis an die Tore des Betriebes das leistungsunabhängige Zuteilungssystem galt, sollten statt dessen nun innerhalb der Betriebe harte Leistungsmaßstäbe gelten. Das ganze Umfeld tendierte jedoch zur Gleichmacherei. Als nach der Einführung der Produktivlöhne für Arbeiter damit begonnen wurde, für Meister, Hoch- und Fachschulkader sowie technisch-ökonomische Fachkräfte - später auch für die leitenden Direktoren - leistungsbezogene Gehaltsbestandteile einzuführen, die zuvor oft genug gefordert worden waren, zeigten sich die verantwortlichen Leiter kaum bereit, sie tatsächlich leistungsorientiert anzuwenden. Die Mittel wurden überwiegend wie immer verwendet, als allgemeine Lohnerhöhung. Das Verschenken nach dem "Gießkannenprinzip" setzte sich fort. Der Lohn, das potentiell wichtigste Mittel zur Verwirklichung des Leistungsprinzips, verlor jede stimulierende Wirkung, mehr noch, er verwandelte sich zunehmend zum Gegenstand berechtigter und ständiger Unzufriedenheit, erfüllte letztlich nur noch sozialpolitische Funktionen. Damit war ein weiterer Versuch der SED-Führung gescheitert, systemimmanente Mängel zu überwinden.

IV. Das Versagen des Bilanzsystems als "tragendes Gerüst" des Planes

Es konnte der SED-Führung mit der zentralen Kommandowirtschaft aus systembedingten Gründen nicht gelingen, die Betriebe bzw. Kombinate zu effizient wirtschaftenden Einheiten zu entwickeln. Damit war die Basis für die Lösung gesamtvolkswirtschaftlicher Aufgaben und Probleme, die ja die SED-Führung zum "Wohle des Volkes" lösen zu wollen vorgab, in Frage gestellt. Aber auch der mit hohem theoretischem Anspruch und Sendungsbewußtsein von der SED-Führung verfolgte Ansatz zur Lösung der gesamtvolkswirtschaftlichen Aufgaben und Probleme ging von falschen Voraussetzungen aus und mußte demzufolge zum Desaster führen. So gehörte z.B. die Gleichsetzung von Sozialismus, Planwirtschaft und Bedürfnisbefriedigung einerseits, und Kapitalismus, Marktwirtschaft und Manipulierung der Menschen andererseits zu den am häufigsten strapazierten Klischees der

IV. Das Versagen des Bilanzsystems als „tragendes Gerüst" des Planes 111

Orthodoxie der SED-Führung. Es sollte damit die Vorstellung suggeriert werden, daß Planwirtschaft etwas Klares, Sauberes und für die Werktätigen Erstrebenswertes sei. Der Kapitalismus hingegen mit seiner Marktwirtschaft Anarchie und Chaos bedeute und die Menschen mit ihren Bedürfnissen in ihm eine untergeordnete Rolle spielen würden. Diese simple Gegenüberstellung von Plan und Anarchie für Sozialismus und Kapitalismus war prinzipiell falsch und hatte weitreichende Folgen.

Der wirtschaftlichen Tätigkeit in anderen Gesellschaftssystemen Planlosigkeit zu unterstellen, war Demagogie. Geplant wird in beiden Systemen. Nur handelt es sich einmal um eine den vielfältigen Unwägbarkeiten des Marktes, den sich ständig verändernden Bedingungen rechnungtragende orientierende Rahmenplanung in marktwirtschaftlichen Systemen und zum anderen um eine alles umfassende zentrale Direktivplanung im "realen Sozialismus", deren Unbeweglichkeit damit von vornherein vorprogrammiert war. Kein kapitalistischer Großkonzern und kein noch so kleiner Familienbetrieb kann auf Zukunftsplanungen verzichten, aber er entwickelt dafür seine eigene Strategie. Ganz anders der volkseigene Betrieb in der sozialistischen Planwirtschaft. Dessen Planung begann mit der Übergabe von Plan- und Bilanzdirektiven und endete mit der Verteilung zentral bilanzierter staatlicher Auflagen. Alle wirtschaftlichen Beziehungen fanden jedoch auf horizontaler Ebene statt.

Eine Planung im gesamtvolkswirtschaftlichen Rahmen stellte sich deshalb zunächst als Informationsproblem dar. Die Organisation des Informationsflusses für zentrale Entscheidungen, die horizontale Beziehungen betrafen, gestaltet sich zu einem überaus komplizierten Prozeß der gegenseitigen Abstimmung zwischen Lieferern und Verbrauchern, in den Territorien, mit Außenhandelsorganen und Banken. Er setzt sich mit der Koordinierung in übergeordneten Organen fort und fand in der zentralen Bilanzierung oder meistens Nichtbilanzierung seinen vorläufigen Abschluß.

In diesem Prozeß waren lange Informationswege, zeitaufwendige und komplizierte Abstimmungs- und Entscheidungsprozesse, lange Reaktionszeiten und geringe Flexibilität unvermeidlich. Der mit der Vervollkommnung der zentralen Planung verbundene Abbau eigener Entscheidungen in den horizontalen Beziehungen und der große Aufwand sowie die wachsende Kompliziertheit, diese Beziehungen über vertikale Strukturen zu planen, führten zur immer geringeren Beachtung der bei allen ökonomischen Entscheidungen bestehenden komplexen Zusammenhänge zu vor- und nachgelagerten Produktionsstufen bzw. Phasen des Reproduktionsprozesses.

Diskrepanzen zwischen Zielen und Ressourcen waren schon aufgrund der Vielfalt der zentral nicht zu koordinierenden Verflechtungen nicht auszuschließen. Ein auf diesem Wege aufgestellter Plan war zum Zeitpunkt seiner zentralen Bilanzierung in den Unternehmen, Kommunen und Territorien schon wieder überholt.

Zu den hauptsächlichen Problemen der Planaufstellung gehörte die möglichst totale Inanspruchnahme der Kapazitäten und Ressourcen. Es erschien angesichts der hohen Leistungsanforderungen und der vollständigen "Verplanbarkeit" widersinnig, freie Maschinenkapazitäten und disponible Vorräte zu halten, wenn die Marktbeziehungen - zumindest im Inland und im Handel mit dem RGW - doch selbst in dieses straffe Planungsregime eingetaktet waren. Der Export in marktwirtschaftlich orientierte Länder, der Wechsel der Mode, ein vom langjährigen Durchschnitt abweichender Sommer oder Winter und viele andere "Störfaktoren" forderten jedoch Beweglichkeit im Plan, die er nicht ermöglichte. Bezeichnenderweise verliefen Mitte der 80er Jahre staatlich dekretierte Verkürzungen der Bestell- und Lieferfristen im Sande. Was jeder Betrieb als Verbraucher wollte, möglichst kurzfristig - und sei es nur zur Konkretisierung zugewiesener Verbrauchsgrößen - Verträge schließen und ändern zu können, stieß bei gleichfalls zugewiesenen Lieferanten auf Ablehnung. Von anderen Lieferanten zu beziehen, war meist unmöglich. Für den Lieferanten hätte das Änderungen im Produktionsprogramm bedeutet, die ihn seinerseits zum Bittsteller um Vertragsänderung bei seinen Zulieferern gemacht hätten. Vor allem aber erforderten Änderungen Auseinandersetzungen mit der übergeordneten Planungsbürokratie, mit dem vielmaschigen Netz der Bilanzierung. Den Kunden abblitzen zu lassen, war immer der bequemste Weg.

Jeder Verbraucher war aber zugleich Lieferer. Wogegen sie als Verbraucher Sturm liefen, daran hielten sie als Lieferer eisern fest, weil es ihnen das Planungs- und Bilanzsystem so aufzwang. In der Mangelwirtschaft siegte immer der Lieferant. Wer sich als Verbraucher an das Gesetz hielt, dem konnte passieren, daß seine Bestellung aus nachgewiesenem Kapazitätsmangel nicht oder erst mit großer zeitlicher Verzögerung, lange nach den gesetzlichen Lieferfristen, zu realisieren war. Diese Vorgänge werfen ein bezeichnendes Licht auf die mangelnde Flexibilität der Zentralverwaltungswirtschaft und ihre Unfähigkeit, auf die Marktbedürfnisse aktuell zu reagieren.

Die Perfektionierung der Planungsbürokratie in Verbindung mit den bereits im Abschnitt III. beschriebenen wachsenden Disproportionen erreichte schließlich in den letzten Jahren einen solchen Grad tatsächlicher Unplanmäßigkeit, daß sich die zentrale Planung in Wahrheit auf eine zentrale operative Zwangsbewirtschaftung reduzierte. Täglich mußten in der

IV. Das Versagen des Bilanzsystems als „tragendes Gerüst" des Planes

Zentrale Dutzende Entscheidungen über Importfreigaben, Produktions- und Exportverlagerungen, Auflösung von Reserven und dergleichen getroffen werden. Planänderungen waren das bevorzugte Mittel, um überhöhte Wunschvorstellungen mit dem realen Leben in Übereinstimmung zu bringen. In den ersten 5 Monaten des Jahres 1989 galten schon für rund die Hälfte aller Betriebe nicht mehr die im Dezember 1988 übergebenen Planauflagen. Verkündeten Honecker und Mittag im Wechsel immer aufs Neue, daß der Plan Gesetz und mit der Praxis der Planänderungen endgültig Schluß zu machen sei, so durfte aus politischen Gründen nicht zugelassen werden, daß die "großen Anstrengungen der Werktätigen" zu nicht erfüllten Plänen führten.

Planänderungen bedeuteten immer wieder Eingriffe in die zuvor mit großem Kraftaufwand erarbeiteten Pläne und Bilanzen. Die Kooperation stimmte nicht mehr, Verträge mußten geändert werden, kurz, das Verwirrspiel der Planung, das am 1. Tag des Planjahres begann, vergrößerte sich von Tag zu Tag. Viele notwendige Entscheidungen wurden auf die lange Bank geschoben, bedeutete doch fast jede der beantragten Planänderungen, die fast ausschließlich Plansenkungen waren, Abstriche an den ehrgeizigen und auch notwendigen Leistungszielen. Zugleich vergrößerten die verzögerten Entscheidungen die Störfaktoren im Wirtschaftsleben. In diesem Zusammenhang konnte man zu Recht von chaotischen Zuständen sprechen. Der Unwille der Kombinate und Betriebe gegenüber dem bürokratischen Überbau wuchs ständig an.

Diese Probleme der Zentralverwaltungswirtschaft nahmen in den letzten Jahren infolge eines weiteren fundamentalen Mangels der zentralen staatlichen Planung immer schärfere Züge an.

Es ist bereits mehrfach auf die Divergenz der Leistungen der Individuen und Betriebskollektive und ihren Forderungen nach Zuteilungen durch die Gesellschaft hingewiesen worden. Die ganze Geschichte der Planwirtschaft der DDR über mehr als 40 Jahre hinweg hat die Auseinandersetzung über das zu geringe Leistungsangebot der Betriebe und ihre hohen Forderungen nach Investitionen, Importen, materiellen und finanziellen Fonds sowie Arbeitskräften zum Hauptgegenstand. Weil echte Antriebe für hohe wirtschaftliche Leistungen in den Betrieben fehlten, wurde der Plan und der um seine Erfüllung betriebene politisch-moralische Druck als Agens benötigt. Der eigentliche Sinn einer zentralen Planung, ihr - wenn überhaupt möglich - potentieller Vorzug, nämlich die vorherige Koordinierung des gesellschaftlichen Bedarfs und der Arbeit der verschiedenen Teilbereiche der Wirtschaft, ging dabei verloren. Der Plan war hauptsächlich Mittel der Zentralverwaltungswirtschaft für das Fordern hoher Leistungen in den Betrieben.

Der Vorwurf der Zentrale gegenüber den Betrieben, ihre Leistungsziele seien zu niedrig, lag in der Logik der Planung selbst begründet. Da nicht der wirtschaftliche Erfolg an sich, sondern der Grad der Planerfüllung zum Maß aller Dinge erhoben wurde, konnten die Betriebe auch nur an möglichst geringen Planzielen interessiert sein. Die Schere zwischen Leistungsangebot und Ressourcenforderung konnte deshalb durch die Zentrale immer nur zwangsweise geschlossen werden. Die Plandiskussion der Werktätigen entartete immer mehr zur pseudodemokratischen Farce und rief wachsenden Unmut hervor, denn die von den Werktätigen diskutierten Planentwürfe, wozu sie ihre Vorschläge einbrachten, galten in der Regel längst nicht mehr, waren schon durch höhere Planansätze durch die Zentrale zu Makulatur geworden.

Ist der zentralisierten Wirtschaft aus diesen Gründen die Tendenz zur Beauflagung überhöhter Ziele generell systemimmanent, so nahm die Notwendigkeit dafür in dem Maße zu, in dem der Verteilungsbedarf der Zentrale für die Beibehaltung des Lebensstandards der Bevölkerung und den äußeren Schuldendienst durch das Leistungsangebot von unten nicht mehr zu befriedigen war. Die Beauflagung mit Leistungszielen nahm deshalb immer voluntaristischere Züge an.Dennoch reichten sie nicht aus, um dem volkswirtschaftlichen Bedarf zu genügen. Die Zentralverwaltungswirtschaft brauchte neue Anschubkräfte. Die Parteiführung setzte dazu wieder einmal auf das Bewußtsein.

Das Problem nicht ausreichender Leistungsziele bestand ständig und mit ihm der Bedarf der Führung nach neuen Instrumentarien. Sorgfältig zentral vorbereitet wurden in ausgewählten Betrieben Aufrufe zum sozialistischen Wettbewerb der Gewerkschaft, mit denen die staatlichen Auflagen überboten werden sollten. Nach ihrem "Beispiel" wurde der ganze Funktionärsapparat bemüht, mit hohem agitatorischem Aufwand und moralischem Druck eine flächendeckende Verpflichtungsbewegung zu organisieren. Betriebe und Kombinate, vor allem aber die Bezirke liefen sich bei der Organisierung "zusätzlicher Tagesproduktionen" gegenseitig den Rang ab. Groteske Züge nahm der Byzantinismus mancher 1. Sekretäre der Bezirksleitungen der SED an, die schon vor der Übergabe der staatlichen Planauflagen "ihr" Territorium zu zusätzlichen Tagesproduktionen verpflichteten. Bald stellte sich heraus, daß im Dschungel der Planauflagen und Verpflichtungen sowie ihrer statistischen Abrechnung zusätzliche Leistungen vor allem auf dem Papier standen, aber kein real verteilbares Produkt ergaben. In den letzten Jahren richtete sich die Verpflichtungsbewegung deshalb auf die zusätzliche Produktion konkreter Erzeugnisse, hauptsächlich für die Bevölkerung und den Export.

IV. Das Versagen des Bilanzsystems als „tragendes Gerüst" des Planes

Wie sehr sich die zentrale Planung von ihrer eigentlichen Funktion entfernte, zeigt die Entwicklung der operativen Planung. Eigentlich sollte der Fünfjahrplan das Hauptinstrument der Planung sein. Tatsächlich hat jedoch immer der jährliche Volkswirtschaftsplan die bestimmende Rolle gespielt. Davon gingen nicht wenige negative Folgerungen für die Strategiebildung in den Betrieben und Kombinaten aus, zählte doch immer der aktuelle Erfolg.

Unter dem Druck wachsender Verteilungsbedürfnisse genügte der Zentrale jedoch der Jahresplan bald nicht mehr. Das "Kalendersoll" innerhalb des Jahres mußte eine größere Bedeutung erhalten, um der zunehmenden Tendenz zu begegnen, Planrückstände im Laufe des Jahres anwachsen zu lassen, die dann gegen Jahresende Planreduzierungen erzwangen. Es kam deshalb zunächst zur zentralen Beauflagung der Quartals- und Monatsziele und später zur Dekadenplanung. Jede neue Verkürzung der Planungszeiträume brachte eine neue Ultimoorientierung mit sich. Volldampf in der Produktion gab es nicht nur zum Jahresende, sondern zu jedem Quartals-, Monats- und Dekadenfinish. Die Kontinuität wurde nicht, wie beabsichtigt, gefördert, sondern die Diskontinuität erhöht. 1985 entschloß sich die SED-Führung auf dem 10. ZK-Plenum, dazu eine - wie sie meinte - neue Trumpfkarte zu ziehen. Ein neu eingeführter leistungsabhängiger Gehaltsbestandteil für die leitenden Direktoren wurde von der Erfüllung der Dekadenpläne abhängig gemacht. Vier Jahre später mußte die weitgehende Unwirksamkeit dieser Stimulierung eingestanden werden. Der Planungsmechanismus erwies sich als stärker. Zugleich griffen Formalismus und Manipulationen in der statistischen Abrechnung, die in der Breite nicht mehr nachprüfbar waren, um sich. Als schließlich noch die "Tagesmeldung" der Produktion mit Soll und Ist eingeführt wurde, erreichte der bürokratische Aufwand seinen Gipfelpunkt.

Zu den immer wieder heftig von den Betrieben und Kombinaten angegriffenen Bestandteilen der Planungsbürokratie gehörte der Umfang der Planmethodik und der Planungsnomenklaturen. In der Geschichte der Planwirtschaft sind immer wieder Reduzierungen im Umfang der beauflagten Kennziffern erfolgt, wenn das Vernunftmaß überschritten war. Das war aber kein Hinderungsgrund dafür, daß die Nomenklaturen bald danach wieder anschwollen. Es ist das Dilemma einer Zentralverwaltungswirtschaft, daß sie infolge fehlender autonomer Regelkreise gesamtgesellschaftliche Erfordernisse quantifiziert gegenüber den Gliedern der Gesellschaft nur mit Hilfe von Plankennziffern durchsetzen kann. Jedes neu auftauchende gesellschaftliche Bedürfnis, irgendwelche wirtschaftlichen Vorgänge zentral zu entscheiden, löst deshalb immer die Notwendigkeit der Bildung neuer Kennziffern bis zur Schaffung ganzer neuer Planteile aus. Gleichzeitig verband sich damit die Tendenz der zentralen Planung zur Totalität der Erfassung, um die eigenen Entscheidungsfreiräume der Wirtschaftseinheiten einzuengen.

Ein symptomatisches Beispiel für die damit verbundenen Probleme ist die Genesis der Investitionsplanung. Über viele Jahre hinweg war die Planung von Investitionsvorhaben bis auf Großvorhaben, die in zentralen Plänen verankert waren, Sache der Betriebe und Kombinate. Die Planung der Investitionen stellte sich sinnbildlich als Pyramide dar. Die Konkretheit der Investitionskennziffern nahm von oben nach unten mit jeder Leitungsebene zu, bot aber selbst für die Betriebe noch relativ große Freiräume der Eigenentscheidung.

Ende der 70er, Anfang der 80er Jahre häuften sich die Fälle, in denen Betriebe, Kombinate, staatliche Einrichtungen und Organe sowie Territorien in großem Umfang Verwaltungsbauten, Urlaubs- und Sozialeinrichtungen in und außerhalb des Planes durchführten und dafür geplante Kapazitäten und Ressourcen in Anspruch nahmen. Die Ausgewogenheit von produktiven und nichtproduktiven Investitionen, ein Problem, das in Marktwirtschaften gar nicht auftreten kann, war empfindlich gestört. Es kam zum absoluten Verbot für Verwaltungsbauten. Vor allem aber mußten fortan alle Vorhaben mit einem Wertumfang über 5 Millionen Mark zentral bestätigt werden. Mittag erhob sogar wiederholt die Forderung, alle Vorhaben über eine Million Mark einzubeziehen. Aber auch so war die Zahl zentral bestätigter Investitionsobjekte vierstellig. Eine solche Zentralisierung der Verantwortung für die Bestätigung der Vorhaben zog die Verantwortung für die Schaffung der Voraussetzungen zu ihrer Realisierung nach sich. Angesichts immer größerer Defizite in den Ausrüstungsbilanzen mußte das in eine nicht beherrschbare zentrale operative Beschaffungstätigkeit ausufern. Weit schlimmer war, daß eine zentrale Bestätigung auch des Investitionsaufwandes kein Unternehmen dazu zwang, mit geringsten Mitteln einen höchstmöglichen Nutzen zu erreichen. Was zuvor noch wirkte, im Rahmen einer vorgegebenen Gesamtsumme selbst danach zu trachten, bei jedem Vorhaben mit einem Minimum an Aufwand auszukommen, war außer Kraft gesetzt. Die Zentrale war mit der Prüfung des Aufwandes absolut überfordert.

War ein Vorhaben erst einmal in den Plan eingeordnet, so erfolgte auch die dafür erforderliche Bereitstellung der finanziellen Mittel. Die Finanzierung aus eigenen Amortisationen und Gewinnen war nur formal ein Akt der Eigenerwirtschaftung. Wer viel Investitionen zugeteilt erhielt, durfte viel von den - mit staatlicher Preisgarantie - erwirtschafteten Gewinnen behalten. Andere mußten planmäßig umso mehr an den Staatshaushalt abliefern. Jeder lebte so auf Rechnung der großen Kasse. Oft genug waren die Aufwandsgrößen bewußt zu niedrig vorkalkuliert, um die Aufnahme der Investitionsvorhaben in den Plan zu erreichen. War das Vorhaben aber erst einmal bis zu einem gewissen Grade realisiert und die geplanten Mittel verbraucht, so gebot es sich von selbst, die noch erforderlichen Gelder und mit ihnen die materiellen Ressourcen "locker zu machen". Andere inzwischen in den Plan aufgenommene Vorhaben mußten deshalb zurückgestellt werden. Die Investitionskraft zersplitterte sich in einer Vielzahl begonnener Vorhaben. Das Volumen der unvollendeten Investitionen stieg an.

Solche der Zentralverwaltungswirtschaft seit jeher anhaftenden Gebrechen potenzierten sich unter den Bedingungen der zentralisierten Objektplanung. Ihre praktische Nichtbeherrschbarkeit erforderte schließlich eine neue Lösung. Dem eingefleischten Zentralisten Mittag war die Zustimmung zu einem neuen Verfahren nur dadurch abzuringen, daß der Anschein einer weiteren Zentralisierung erweckt wurde. Das Zauberwort hieß "Staatsplan Investitionen", der 1988 ins Leben gerufen wurde. In ihn durften über den gesamten Zeitraum der Realisierung hinweg höchstens 300 Vorhaben aufgenommen werden, was auf eine jährliche Neuaufnahme von ca. 50 Objekten hinauslief. Über alle anderen Investitionen sollte in den Kombinaten wieder selbst entschieden werden. Es ist bezeichnend, daß diese Maßnahme nicht ungeteilte Zustimmung seitens der Kombinate fand, weil damit die Eigenverantwortung für die materiell- technische Sicherung wieder erhöht wurde.

Das Kernstück der zentralen staatlichen Planung bildete das System der Material-, Ausrüstungs- und Konsumgüterbilanzen. Die Metapher vom tragenden Gerüst der Planung ist durchaus zutreffend, verbanden sich doch in ihm die vertikalen Planauflagen mit den horizontalen Verflechtungen. Die Bilanzierung sollte damit das Pendant zur Herstellung der Gleichgewichte von Angebot und Nachfrage bzw. in der Planwirtschaft von Aufkommen und Bedarf sein, wie sie in liberalisierten Wirtschaften vom Markt hergestellt werden. Der Bilanzierung wurde der Vorzug zugesprochen, daß sie im voraus, eben planmäßig, Gleichgewichte herstellen könne, wozu der Markt immer erst im Nachhinein in der Lage sei. In der Tat ist eine zentrale Planwirtschaft ohne das Bilanzsystem nicht denkbar.

Der Bilanzierung haften jedoch systemimmanent zwei nicht lösbare Probleme an. Zum einen ergibt sich die Unmöglichkeit, die ungeheure Vielfalt der horizontalen Beziehungen des volkswirtschaftlichen Gesamtorganismus und den dazu notwendigen Informationsfluß in vertikale Planungsstrukturen zu integrieren. Der Ausweg wurde in zweierlei Richtung gesucht. Typisch war der Versuch, des wachsenden Informationsflusses Herr zu werden. Der XI. Parteitag der SED forderte, dafür die moderne Rechentechnik zu nutzen, um die wachsenden horizontalen Beziehungen immer besser zu beherrschen. Eine totale Erfassung horizontaler Beziehungen war damit nicht zu erreichen. Sie wäre aber notwendig gewesen, um informationsbedingte Mängel der Bilanzierung auszuschließen. In drei Bilanzen erfaßte Ersatzteile für Landmaschinen ließen z. B. bei rd. 120 000 Einzelteilen nicht erkennen, welche wenigen "Skandalpositionen" eigentlich die jährlich wiederkehrenden Ersatzteilprobleme auslösten. Eine zentral beauflagte wertmäßige Erhöhung der Ersatzteilproduktion konnte diese Probleme nicht lösen und niemals ersetzen, was nur zwischen Verbrauchern und Produzenten unmittelbar auszuhandeln war. Es setzte sich deshalb allmählich und zuletzt die Einsicht durch, die Bilanzen und Pläne besser auf den abgeschlossenen Wirtschaftsverträgen aufzubauen, die Einheit von Plan - Bilanz - Vertrag von unten entstehen zu lassen. Ein solches Herangehen konnte jedoch keine praktische Bedeutung mehr erlangen.

Das zweite Hauptproblem für die Bilanzierung ergab sich aus der unzureichenden Gewinnorientierung der Zentralverwaltungswirtschaft, im Zusammenhang mit der ungelösten Eigentümeridentifikation. Die Wirtschaft neigt unter diesen Bedingungen beständig zur Verschwendung von Ressourcen. Verbrauchertypisch war, mehr Bedarf anzumelden als eigentlich vorhanden war, denn die Rotstiftstreichungen waren gang und gäbe. Zwar waren die Bilanzorgane verpflichtet, die Bedarfsanmeldungen zu prüfen. Es handelte sich dabei aber um eine Übertragung volkswirtschaftlicher Verantwortung an Wirtschaftseinheiten, denen im Grunde Verteilungsfunktionen der Zentralverwaltungswirtschaft fremd waren und die mit ihrem wirtschaftlichen Interesse im eigentlichen Sinne nichts zu tun hatten. Die Aufgabe wurde deshalb ständig mehr schlecht als recht wahrgenommen. Die Bedarfsabstimmungen erfolgten zudem für einen Zeitraum von 15 - 18 Monaten im voraus. Bis zur Realisierung der Wirtschaftsverträge änderte sich der eigentliche Bedaf häufig. Stornierungen und Umbestellungen waren, schwierig. Bestände anzulegen allemal der sichere Weg. Die Klage Honekkers auf der 5. ZK-Tagung im November 1982 war unüberhörbar: "In nicht wenigen Betrieben wirtschaftet man bei uns, als würden überplanmäßige Materialbestände kein Geld kosten"[16]. Staatsbankfilialen bemühten sich gemeinsam mit den Betrieben jährlich aufs Neue, um über den Plan hinaus vorhandene Bestände abzubauen, ohne das Übel an der Wurzel packen zu können, das in der Gesamtkonstruktion des Systems begründet lag.

Ein Vergleich der Bestandshaltung mit der BRD zeigt zum einen, daß in der BRD Bestände rascher umschlagen, und zum anderen eine den Bezugs- und Lieferbedingungen entsprechende unterschiedliche Verteilung der Bestandsarten.

---

[16] Schlußwort E. Honeckers an die 5. Tagung des ZK der SED, Dietz-Verlag 1982, S. 26.

IV. Das Versagen des Bilanzsystems als „tragendes Gerüst" des Planes

Tabelle 33:
Kennziffern der Bestandswirtschaft (1985)

	BRD	DDR
Umschlagstage	52	75
Bestände je 100 DM Umsatz bzw. 100,- M Absatz	14	21
Anteil an den Gesamtbeständen in %		
- Material	29,6	40,6
- unvollendete Erzeugnisse	27,8	33,5
- Fertigerzeugnisse	42,6	25,9

Die angebotsorientierte Wirtschaft der BRD weist in den meisten Branchen herstellerseitig eine höhere disponible Vorratshaltung bei Fertigerzeugnissen aus (eine Ausnahme bildet nur der Maschinenbau mit seiner Auftragsbindung), während in der DDR die verbraucherseitige Bestandshaltung bei Material überwog.

Tabelle 34:
Bestandsstruktur- Anteile in Prozent -

	BRD			DDR		
	Material	unvollendete Erz.	Fertigerzeugnisse	Material	unvollendete Erz.	Fertigerzeugnisse
Chemie	29,4	7,5	63,1	47,0	24,7	28,3
Maschinenbau	23,4	53,7+)	22,9	23,6	31,6	44,8
Elektrotechnik	26,6	34,1	39,3	33,0	43,9	23,1
Textilgewerbe	26,9	25,7	47,4	38,6	37,9	23,5
Straßenfahrzeugbau	30,2	28,0	41,8	31,6	32,0	36,4
Holzverarbeitung/ Möbelindustrie	38,2	21,8	40,0	58,3	24,9	16,7

+) bei wesentlich rascherem absoluten Bestandsumschlag
 (DDR 212 Tage; BRD 85 Tage)

Bestandsreduzierende Methoden wie "just in time" konnten in der DDR keinen Fuß fassen. Die allgemeine Knappheit erwies sich dabei nur als Reziprozität der Verschwendung, letztlich verursacht durch ein Zuteilungssystem nach dem Bezugscheinprinzip, dessen Ineffizienz gegenüber den distributiven Wirkungen des Marktes nicht zu übersehen ist.

Die SED-Führung erwies sich außerstande, die Planung nach realen ökonomischen Maßstäben zu organisieren und sie auf eine den Interessen der Menschen dienende Perspektive zu richten. Ob Planung oder Bilanzierung, Investitions- oder Bestandswirtschaft - auch diese für eine Volkswirtschaft eminenten Fragen konnten in der zentralen Kommandowirtschaft nicht effizient gelöst werden.

V. Die voluntaristische Preisbildung im planwirtschaftlichen System, das Haushalts- und Kreditsystem im Schatten der Naturalwirtschaft

Eine sinnvolle und ökonomisch wirksame Preisbildung in der Planwirtschaft war ein beliebtes Feld der theoretischen Diskussion von Wirtschaftswissenschaftlern in allen RGW- Ländern, also auch in der DDR. Aber wie so oft, waren die theoretische Erörterung, die wissenschaftliche Erkenntnis das eine, die Realität und Praxis das andere, beide waren meist weit voneinander getrennt. Grundsätzlich waren für die DDR zwei verschiedene Sphären und Prinzipien der Preisbildung charakteristisch: für die Wirtschaft die Aufwandspreise, für die Bevölkerung vom Aufwand losgelöste, sozialpolitisch determinierte Preise. Als Systemschwäche war beiden Preistypen gemeinsam, daß sie sich nie als Marktpreise entfalteten, niemals Überangebot oder Knappheit indizierten. In dem einen wie dem anderen Falle vom Staat festgelegt, fungierten Industrie-, Bau- und Agrarpreise sowie Transporttarife und Verbraucherpreise ganz als Instrument der zentral geplanten Wirtschafts- und Sozialpolitik.

Der *erste* und wohl gravierendste Mangel bei der Bildung der Industrie-, Bau- und Agrarpreise sowie Transporttarife (im folgenden zusammengefaßt als Industriepreise bezeichnet) ergab sich aus der gebrauchswertorientierten Naturalwirtschaft, in Verbindung mit der Monopolstellung der Produzenten im Inland und dem Fehlen jeglicher Konkurrenz. Unter diesen Bedingungen stellte sich jeder individuell entstehende Aufwand automatisch als gesellschaftlich notwendig dar. Im Preis angestiegene Importrohstoffe, verschlechterte geologische Bedingungen für den Abbau eigener Rohstoffe und Energieträger, stark verschlissene Produktionsausrüstungen und ein hoher Reparaturaufwand, überhöhte Bestände, hohe Fixkosten infolge geringer Serien, ein dem Administrativsystem geschuldeter hoher Verwaltungsaufwand und viele andere Faktoren ließen den solcherart "gesellschaftlich notwendigen" Aufwand rasch ansteigen. Wenn die Volkswirtschaft keine Alternative hatte - aus welchen Gründen auch immer - wurde im Preis jeglicher Aufwand nur noch anerkannt.

Unmißverständlich hatte selbst Karl Marx darauf hingewiesen: "Der wirkliche Wert einer Ware ist aber nicht ihr individueller, sondern ihr gesellschaftlicher Wert, d. h. er wird nicht durch die Arbeitszeit gemessen, die sie im einzelnen Fall dem Produzenten tatsächlich kostet, sondern durch die gesellschaftlich zu ihrer Produktion erheischte Arbeitszeit"[17].

Was als gesellschaftlich notwendig gelten durfte, konnte nur auf dem Markt angezeigt werden, der nach Marx schon im 19. Jahrhundert immer mehr die Dimensionen des Weltmarktes annahm. Von diesem war die Wirtschaft der DDR jedoch weitestgehend abgeschirmt. Nur beim Export in marktwirtschaftliche Länder zeigte sich, wie der innere notwendige Aufwand zunehmend den auf dem Weltmarkt anerkannten überstieg.

Die staatlich festgelegten Industriepreise orientierten sich nicht an den international geltenden Preisen, sondern an den inneren Aufwendungen. Ob die Elektroenergiegewinnung, hauptsächlich aus Braunkohle, ob die Rohstahlerzeugung, zu erheblichen Teilen noch in Siemens-Martin-Öfen, ob die Kupfererzförderung in Mansfeld kostenmäßig konkurrenzfähig sein können, war völlig sekundär. Von den Preisen gingen kaum Einflüsse auf strukturelle Veränderungen im Inland aus, sondern umgekehrt waren die Industriepreise ein Spiegelbild der sich verfestigenden wirtschaftlichen Strukturen. Entsprechend ihrem Charakter waren sie nichts anderes als Aufwandserstattungspreise.

Die in den Beschlüssen der SED-Führung zur Industriepreisbildung immer wieder festgelegte und in den Industriepreisänderungen seit 1976 verwirklichte Linie der realen Widerspiegelung des ständig steigenden volkswirtschaftlichen Aufwands konnte dadurch auch nicht in Anspruch nehmen, die Funktion des Preises als Maß der Werte erfüllt zu haben.

Ein *zweiter* prinzipieller Mangel bestand darin, daß das planwirtschaftliche System den Preis vor allem als Planpreis benötigt. Planungen waren in einer gebrauchswertorientierten Wirtschaft nur dann zuverlässig, wenn ihnen unveränderliche Preise zugrunde lagen. Häufige Veränderungen von Preisen, wie sie insbesondere zwischen 1976 und 1986 in großem Umfang notwendig wurden, wirkten eher als Störfaktoren, nicht zuletzt für die Leistungsabrechnung und ökonomische Stimulierung. Wo der Gewinn und seine Tei-

---

[17] K. Marx, Das Kapital, Band I., Marx-Engels-Werke, Band 23, S. 336.

lung zwischen Betrieb und Staatshaushalt bis auf die letzte Mark als Plansoll festgelegt wurde, bedurfte es schon einer exakten Erfassung aller gewinnerhöhenden oder -mindernden Erlös- oder Kostenveränderungen, um den Nachweis der Planerfüllung zu liefern und die finanziellen Fonds planmäßig bilden zu können. Die Einheit von materieller und finanzieller Planung war schließlich eine der ständig beschworenen, aber nie erreichten Grundfesten der Zentralverwaltungswirtschaft. Es durfte nicht zugelassen werden, daß Verschiebungen in den wertmäßigen Strukturen materielle Allokationen "durcheinander brachten".

Kurzfristige Inlandspreisveränderungen, um auf veränderte Marktbedingungen zu reagieren, standen deshalb nicht auf dem Programm der Planwirtschaft. Statt dessen wurden Industriepreisveränderungen mit einem zeitlichen Vorlauf von rd. 1 1/2 Jahren langfristig vorbereitet und mit Beginn eines neuen Planjahres in Kraft gesetzt. Sie mußten mindestens für ein Jahr, besser aber für mehrere Jahre Gültigkeit behalten, mochten die Weltmarktpreise in dieser Zeit auch mehrmals nach unten oder oben ausgeschlagen haben.

Entscheidend für Preisveränderungen war vielfach nicht, ob das eine oder andere Erzeugnis noch gewinnbringend war oder Verluste eintrug - dank der materiellen Beauflagung und der Planbarkeit der finanziellen Auswirkungen war das für die ökonomische Verhaltensweise der Betriebe ohnehin sekundär - sondern, ob im Betrieb oder Kombinat als Ganzes die wirtschaftliche Rechnungsführung, lies Gewinnerwirtschaftung, formell gewährleistet war. Verteuerte sich eine Zulieferung, konnte der Plangewinn reduziert werden, wurde ein Erzeugnispreis erhöht, mußte der Plangewinn entsprechend gesteigert werden. Die Preise reflektierten so weder den Wert noch den tatsächlichen volkswirtschaftlichen Aufwand.

Ob sich der Erdölpreis verdoppelte oder verzehnfachte, war in erster Linie für die Finanzplaner und Buchhalter interessant, weitaus weniger als Ausgangspunkt für strukturelle Veränderungen. Über die wurde zentral - wenn überhaupt - mit den Bilanzen entschieden. Der den Kombinaten und Betrieben überlassene Handlungsspielraum für Veränderungen im Erzeugnisprogramm oder für Substitutionen im Rohstoff- und Energieeinsatz blieb außerodentlich gering. Das ausnahmslos dem Staat zuerkannte Recht der Preisfestsetzung bildete zum *dritten* einen seltsamen Konstrast zu seinen Möglichkeiten, den Preisauftriebstendenzen Herr zu werden. In einer Wirtschaft, deren Leistungsfähigkeit nach selbst gesetzten Maßstäben vor allem an ihrem quantitativen Zuwachs gemessen wurde, waren Preiserhöhungen, beginnend bei den Inputs der Produktion, für die Erfolgsstatistik höchst willkommen. Die Kalkulation neu entwickelter Erzeugnisse in der verarbeitenden Industrie mit höheren Aufwendungen für Rohstoffe, Ener-

V. Voluntaristische Preisbildung im planwirtschaftlichen System 123

gieträger und Material erwies sich als "Wachstumsfaktor". Das Amt für Preise war personell überhaupt nicht in der Lage, die Kalkulationen von jährlich fünfstelligen Erzeugnisneuentwicklungen zu überprüfen.

Ebensowenig waren die Kalkulationen bei planmäßigen Industriepreiserhöhungen in der ganzen Breite kontrollierbar. Diese planmäßigen Industriepreisänderungen boten Gelegenheit, jeglichen erhöhten Aufwand, nicht nur aus Vorstufen, sondern auch im eigenen Betrieb verursacht, in die Kalkulation einzubeziehen. Da auch die Zuschlagssätze für die Verrechnung indirekter oder Gemeinkosten preisrechtlich der staatlichen Bestätigung unterlagen und bei Industriepreisveränderungen in der Regel beibehalten blieben, konnten mit jeder Preiserhöhung Gewinne entstehen, die mit wirtschaftlicher Leistung auch nicht das geringste zu tun hatten. Binnen weniger Jahre waren infolge der Industriepreiserhöhungen seit 1976 Gewinnerhöhungen zustande gekommen, die der ausgabenüberlastete Staatshaushalt dringend benötigte, die indes nichts anderes als Inflation darstellten.

Die Preisbildung "fest in der Hand des Staates", wie sie in den Beschlüssen verankert war, schloß Auseinandersetzungen über den Preis zwischen Kooperationspartnern aus. Verbraucher hatten in der Regel keine Wahl und waren dem Preisdiktat der oftmals alleinigen Lieferanten ausgesetzt. Wem ein Zulieferer zu teuer war, der konnte sich nur an den Staat, an das Amt für Preise, wenden. Der Nachteil gegenüber marktwirtschaftlichen Bedingungen ist ganz offensichtlich. Der fehlende "Anti-Aufwands-Mechanismus", wie er in der sowjetischen wirtschaftswissenschaftlichen Literatur bezeichnet wird, muß zu den ganz entscheidenden Systemnachteilen der Zentralverwaltungswirtschaft gerechnet werden.

Die Probleme der Preisbildung in der Zentralverwaltungswirtschaft kulminierten in besonderem Maße in der Ökonomie der Innovationsprozesse. Nicht selten wurden die Preise für Hemmnisse bei der Anwendung wissenschaftlich-technischer Ergebnisse verantwortlich gemacht, wofür aber nur das System als Ganzes einstehen konnte. Unter marktwirtschaftlichen Bedingungen ist die beständige Erneuerung der Produktion mit verbesserten und vergleichsweise verbilligten Erzeugnissen unabdingbare Voraussetzung für die Behauptung auf dem Markt und die Erzielung sogenannter Quasirenten - in der marxistischen Terminologie als Extraprofite bezeichnet. Die monopolisierte Zentralverwaltungswirtschaft besitzt diesen mächtigen Stachel der Innovation nicht.

Lange Zeit, bis zur Mitte der 70er Jahre, war die Aufnahme neuer Erzeugnisse in die Produktion für die Betriebe ein reines Verlustgeschäft. Das Aufwandserstattungsprinzip verlangte, den Preisen nur jene Aufwendungen einschließlich eines Normativgewinns zugrunde zu legen, die im Ergebnis der Entwicklungsarbeiten gegenüber dem Vorgängererzeugnis zu einem in der Regel geringerem Material- und Arbeitszeitaufwand geführt hatten. Je größer dieser von Marx als Verwohlfeilerung bezeichnete Effekt war, desto größer war die Einbuße für den Betrieb an Warenproduktion und anderen für seine Leistungsbewertung maßgeblichen Kennziffern. Das Festhalten an veralteten Produkten mit risikofreier eingefahrener Technologie und niedrigen Kosten war für die Betriebe geradezu Gebot wirtschaftlicher Vernunft.

Der Widersinn trieb seltsame Blüten. Die Verschleierung des Nutzens in der Kalkulation war noch der geringste Makel. Daß sogenannte Neuererbrigaden bei der Verbesserung der Technologie und Konstruktion neuer Erzeugnisse ein reiches Betätigungsfeld fanden, dessen Umfang zuvor schon auf dem Reißbrett abgesteckt war, und dafür dicke Neuerervergütungen einstrichen, nahm perverse Züge an. Im Grunde genommen zwangen aber die staatlichen Kalkulationsvorschriften zu einer solchen Verhaltensweise.

Der unter Honecker verstärkte Wachstumsfetischismus verlangte nach neuen Lösungen. Ab 1976 gestaltete sich die Preisbildung für neue Erzeugnisse nach dem sogenannten "Preis-Leistungs-Verhältnis". Danach sollte sich der Preis eines neuen Erzeugnisses nach den Gebrauchswertparametern gegenüber Vergleichserzeugnissen, in der Regel den Vorgängererzeugnissen, richten.

Auf Drängen des Außenhandelsministers sollten für Exporterzeugnisse die Angebote des Weltmarktes die Maßstäbe setzen. Die mangelnde Konkurrenzfähigkeit bedeutete jedoch, daß dann der innere Aufwand in der Regel nicht mehr gedeckt werden konnte. Die Innovationsstimulierung wäre verpufft. Es gab deshalb viele Kompromisse und subjektive Preisfestlegungen.

In jedem Fall sicherte das "Preis-Leistungs-Verhältnis" einen günstigen Ausweis der für die statistische Abrechnung wichtigen, z.T. fetischisierten Kennziffer Warenproduktion. Auch kam den Betrieben jegliche Kostensenkung von Anfang an für ihren Gewinn zugute. Obwohl 30 % des Nutzeffekts als "Verwohlfeilerung" an die Verbraucher weitergegeben wurden, begünstigte dieses Verfahren die Produzenten neuer Erzeugnisse und überwand prinzipielle Mängel der vorherigen kostenabhängigen Preisbildung. Ein gewisser ökonomischer Anreiz zur Aufnahme neuer Erzeugnisse war zwar so geschaffen worden. In seiner praktischen Wirkung blieb er im trägen planwirtschaftlichen System aber doch eingeschränkt und hatte durch die bürokratische Verfahrensweise bei der Bestimmung und Bewertung "neuer Erzeugnisse" breiten Spielraum zur Manipulation. Zur Perfektionierung dieses Verfahrens, im speziellen zur Erhöhung der Innovationsbereitschaft

V. Voluntaristische Preisbildung im planwirtschaftlichen System 125

der Unternehmen, wurde die Gewährung der nach dem Preis-Leistungs-Verhältnis entstandenen Extragewinne auf 2 Jahre befristet. Nach Ablauf einer normativ festgelegten Umschlagszeit - abgeleitet aus der Plankennziffer Erneuerungsrate - traten Preisabschläge in Kraft. Dieses sogenannte 3-Stufen-Modell, entworfen von dem sowjetischen Preisexperten Jakowez, hatte in der DDR verbreitete Anwendung gefunden. Was theoretisch einer gewissen Logik nicht entbehrte, erwies sich in der Praxis als überaus kompliziert durchsetzbar. Vor allem wurde den fälligen Preisabschlägen ausgewichen. In die Wachstumsphilosophie paßten jederzeit alle Formen von Zuschlägen, aber weniger irgendwelche Abschläge hinein. Insgesamt gesehen erwies sich diese Stimulierung des Innovationsprozesses als eine weitere Quelle des Preisauftriebs.

Die Vor- und Nachteile des Verbraucherpreissystems waren schon vor der Wende in der DDR Gegenstand heftiger Meinungsverschiedenheiten. Um der politischen Stabilität willen wurde alle Ökonomie auf den Kopf gestellt. Dabei mehrten sich die Stimmen aus der Bevölkerung ständig, die für den Abbau der übermäßigen Subventionen, einen personengebundenen Ausgleich und die Senkung der Preise wesentlich überteuerter Erzeugnisse eintraten. Vernunftgründe gab es genug. Sie scheiterten insbesondere an der Starrköpfigkeit Honeckers. Für ihn war die Stabilität der Preise für Waren des Grundbedarfs, Mieten, Tarife und Dienstleistungen Aushängeschild für die Leistungsfähigkeit seines "realen Sozialismus". Nur der Sozialismus könne sich das leisten. Das war einer unter vielen voluntaristischen Trugschlüssen. Letztlich blieb die DDR die einzige Insel vermeintlicher Preisstabilität für Waren und Leistungen des Grundbedarfs mit nicht berechenbaren Folgen. Im Land selbst grassierte Verschwendung, Mißbrauch von Nahrungsgütern, Beziehungswirtschaft, schwarzer Markt. Was an offizieller Preiserhöhung vermieden wurde, mußten die Bürger bei Exquisit-, Delikat- und modernen Industriewaren durch höhere Zahlungen wieder ausgleichen. Billige Erzeugnisse verschwanden ganz oder tauchten mit geringfügiger Veränderung und neuem Preis oder im teuren Exquisit- oder Delikathandel wieder auf. Die Teuerung bezahlte die Bevölkerung allemal. Der Unmut über diese Entwicklungen wuchs. Freilich war die alte Führung mit ihren ehernen Versprechungen für Preisstabilität und der Verantwortung für tausende von Unzulänglichkeiten nicht mehr in der Lage, Schritte zu vernünftigen Veränderungen in die Wege zu leiten. Diese Preispolitik hatte nicht nur für die Makro- und Mikrostruktur der Volkswirtschaft, sondern auch für das Haushalts- und Kreditsystem schwerwiegende Folgen.

Der Staatshaushalt der DDR war, wie in anderen Ländern, auch Spiegelbild von Wirtschaftssystem und -politik. Er war durch miteinander verbundene Besonderheiten charakterisiert, durch das beträchtliche Volumen des Budgets, den hohen Anteil der Einnahmen aus der volkseigenen Wirtschaft und den großen Anteil der Sozialausgaben. Den beträchtlichen Umfang des Staatshaushalts belegt ein Vergleich mit der BRD.

Tabelle 35:
Vergleich des Umfangs der Staatshaushalte

1988	Gesamtausgaben des Staates	Bruttosozialprodukt	Staatsquote xx) in %
BRD	988,6 Mrd. DM	2.128,9 Mrd. DM	46,4
DDR	269,5 Mrd. M	346,0 Mrd. M x)	77,9

x) nach der Methodik der BRD berechnet.
xx) Anteil der Gesamtausgaben des Staates am Bruttosozialprodukt.

Der Staatshaushalt der DDR hat insbesondere nach 1971 eine enorme Aufblähung erfahren.

Tabelle 36:
Entwicklung der Einnahmen und Ausgaben

Mrd. Mark	1971	1988 x)	Steigerung auf %
Einnahmen	80,2	269,7	336,3
Ausgaben	79,1	269,5	340,7

x) Die Verfasser haben sich entschieden, hier Zahlen des Jahres 1988 zu verwenden, da die Zahlen des Jahres 1989 durch die bekannten Ereignisse ein ungenaues Bild ergeben.

Der steile Anstieg des Haushaltsvolumens war einerseits durch die bereits charakterisierten Preiserhöhungen bedingt, zum anderen durch wachsende Soziallasten. Hatten die Zuwendungen für die Bevölkerung aus Mitteln des Staatshaushaltes 1971 noch einen Anteil an den Gesamtausgaben von 33,2 Prozent so waren es 1988 41,1 Prozent. In besonderem Maße wurde der Staatshaushalt durch die Subventionen zur Sicherung der Verbraucherpreisstabilität belastet. Sie stiegen von 1971 = 8 527 Millionen Mark auf 1988 = 49 811 Millionen Mark, das heißt auf 585 %. Noch rascher stiegen die Aufwendungen für das Wohnungswesen von 1971 = 2127 Millionen Mark auf 1988 = 16 026 Millionen Mark, das heißt auf 753,5 %. In hohem Tempo entwickelten sich auch die Zuschüsse zum Haushalt der Sozialversicherung von 4640 Milllionen Mark im Jahre 1971 auf 17452 Millionen Mark im Jahre 1988. Das entspricht einer Steigerung auf 376 %. Die Begrenzung des 10 %igen SV-Beitrages der Beschäftigten auf 600 Mark brachte mit sich, daß verbesserte Sozialleistungen vorrangig durch die Staatskasse zu tragen waren. Aber auch in anderen Ausgabenbereichen war bezogen auf 1971 ein kräftiger Anstieg der Aufwendungen zu verzeichnen, so für

           das Gesundheitswesen auf   337,0 %
           die Kultur auf   382,8 %
           den Sport auf   772,5 %.

Für die Finanzierung ergab sich die Notwendigkeit ebenso steil ansteigender Haushaltseinnahmen, die zu mehr als 70 % aus der volkseigenen Wirtschaft gezogen wurden. Zwischen 1980 und 1988 stiegen die Haushaltseinnahmen aus der volkseigenen Wirtschaft (ohne Landwirtschaft) um mehr als 78,2 Milliarden Mark, auf 167,9 % an.

Infolge der Industriepreiserhöhungen bei gleichzeitiger Subventionierung der Verbraucherpreise kam es bei höherem Einzelhandelsumsatz nur noch zu einer geringfügigen Steigerung der produktgebundenen Abgaben. Deswegen mußten in wachsendem Umfang Gewinne und Einnahmen zentralisiert, also den Kombinaten und Kommunen zugunsten der Zentrale entzogen werden. Die Gewinnabführung aus der volkseigenen Wirtschaft verdoppelte sich - unter Berücksichtigung des seit 1984 in den Kosten versteckten "Beitrags für gesellschaftliche Fonds" - zwischen 1980 und 1988. Bei weitem nicht in gleichem Tempo entwickelte sich aber der Gewinn selbst. Dafür mußten die Betriebe in wachsendem Umfang Kredite zur Finanzierung ihrer Investitionen aufnehmen. Die Verschuldung des Staatshaushaltes, die dennoch bis Ende 1989 auf 130 Mrd. Mark angestiegen war, wurde kaschiert, ohne daß der Haushalt selbst als Schuldner gegenüber dem Kreditsystem in Erscheinung trat.

Eine solche Manipulation war möglich, weil der Staatshaushalt mit der volkseigenen Wirtschaft nicht über ein festes System normativ geregelter Abgaben - wie das mit einer Besteuerung der Fall gewesen wäre - verbunden war. In welchem Umfang der Gewinn der Finanzierung eigener Fonds der Betriebe dient und in welchem Maße er abzuführen war, wurde alljährlich mit dem Plan und letztenendes aus der Sicht der Finanzierungsbedürfnisse der zentralen Kasse entschieden. Eine solche Verschuldung der Wirtschaft besaß natürlich Grenzen, die aber in den 80er Jahren nahezu voll ausgeschöpft wurden.

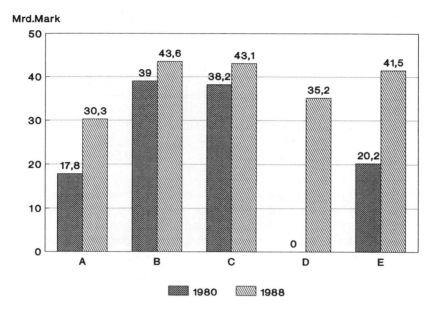

A - Produktions- und Handelsfondsabgabe
B - Nettogewinnabführung
C - Produktgebundene Abgaben
D - Beitrag für gesellschaftliche Fonds (ab 1984)
E - sonstige Abführungen

Abbildung 15: Einnahmen aus der volkseigenen Wirtschaft - in Mrd. Mark -

Diese Manipulation war nur möglich, weil das Kreditsystem mit der Staatsbank an der Spitze keine vom Staatshaushalt unabhängige Stellung innehatte. Die Geldemission hatte sich nach den Finanzierungsbedürfnissen der Politik und nicht nach den realen wirtschaftlichen Möglichkeiten zu richten. Der Zentralverwaltungswirtschaft mangelte es stets an materiellen und humanen Ressourcen, nie jedoch an Geld. Die simplifizierende Darstellung von der Ingangsetzung der Banknotenpresse trifft indessen nicht zu. Die Geldemission der Staatsbank war stets gedeckt. Maßgeblich dafür waren zwei große Kreditquellen, die Guthaben der Bevölkerung und die wachsende Auslandsverschuldung. Beide machten in der Kreditbilanz zum 31. Dezember 1989 mit 176,5 Mrd. M bzw. 162,2 Mrd. Mark 72,5 % des gesamten Kreditvolumens aus. Was die Guthaben der Bevölkerung betraf, so sicherte sich die Zentralverwaltungswirtschaft die direkte Verfügungsgewalt über die freien Mittel aus dem zeitweiligen Konsumverzicht der Bevölkerung für die Finanzierung gesamtgesellschaftlicher Aufgaben. Ein Teil dieser Fonds - in Höhe des Kaufkraftüberhangs - war durch die fehlende Bereitstellung von Waren und Leistungen erzwungen.

Die einheitliche Verzinsung in Höhe von 3 1/4 % bot bei ständiger Verfügbarkeit für die Bevölkerung einen, wenn auch bescheidenen, Anreiz zu sparen. Der Bargeldumlauf hielt sich auch dank der überwiegenden Einzahlung der Geldeinkommen auf Konten und eines relativ gut organisierten bargeldlosen Zahlungsverkehrs in international beachtlich engen Grenzen. Er betrug 1988 937 Mark je Einwohner gegenüber 2 311 DM in der BRD.

Von entscheidender Bedeutung war, daß - abgesehen von der Existenz privater Handwerks- und Gewerbebetriebe - das Bevölkerungseinkommen voll und ganz der privaten Kapitalisierung entzogen wurde. Die Geldeinkünfte der Bevölkerung kanalisierten sich ausschließlich auf die Konsumtion. Das mußte tendenziell zu wachsenden Diskrepanzen zwischen Angebot und zahlungsfähiger Nachfrage, insbesondere nach PKW oder Auslandsreisen führen. Weiterer Einkommenszuwachs der Bevölkerung trug aber immer wieder zum Anwachsen der Spareinlagen bei, was wiederum die Zinslast, die inzwischen auf mehr als 5 Milliarden Mark angestiegen war, bedrohlich auf die Kaufkraft wirken ließ. Die Sparguthaben der Bevölkerung für die Finanzierung des Wohnungsbaues einzusetzen, sicherte zwar deren materielle Deckung, zugleich aber waren diese Investitionen für den Staatshaushalt ein ausgesprochenes Verlustgeschäft. Der Staatshaushalt mußte dem Kreditsystem nicht allein die an die Bevölkerung gezahlten Zinsen erstatten, sondern hatte bei subventionierten Mieten mit jeder Ausweitung des Wohnungsbaus mehr Mittel für die Wohnungswirtschaft bereitzustellen.

Die Begrenzung der individuellen Konsumtionsmöglichkeit, die insbesondere seit 1971 zu einem deutlichen Zurückbleiben gegenüber der Entwicklung in der BRD führte, konnte schließlich nicht ohne Rückwirkungen auf das Leistungsprinzip bleiben. Unter der Bedingung ihrer privaten Kapitalisierung erwiesen sich in der BRD wachsende Geldeinkünfte als Faktor der Konjunkturbelebung. So lag die Sparquote in der BRD bereits über einen längeren Zeitraum weit über der in der DDR. Sie betrug 1988 13,9 % gegenüber 7% in der DDR. Der prinzipielle Unterschied beider Gesellschaftsordnungen zeigt sich im Verhältnis von Sparguthaben und privatem Geldvermögen.

Tabelle 37:
Sparguthaben und Geldvermögen je Einwohner

Je Einwohner M/DM 1988	Sparguthaben	Geldvermögen insgesamt
DDR	9 091	11 022
BRD	11 579	40 747

Mehr als 60 % der Geldvermögensbildung in der BRD erfolgt durch längerfristige Geldanlagen bei Banken, Versicherungen und Bausparkassen, den Erwerb festverzinslicher Wertpapiere und Aktien sowie durch Ansprüche gegen betriebliche Pensionsfonds. Dem stehen in der DDR nur bescheidene Anteile des Versicherungssparens gegenüber. Die längerfristige Bindung des Vermögens sichert auch unter marktwirtschaftlichen Bedingungen einen stabilen Einsatz privater Gelder. Die Zentralverwaltungswirtschaft besaß dagegen den unumschränkten Zugriff zu den Guthaben der Bürger und hat diese voll und ganz für ihre illusionäre und letztlich ineffiziente Sozialpolitik genutzt.

Die zweite große Kreditquelle, die Auslandsverbindlichkeiten, wurden hauptsächlich zur Finanzierung der Betriebe verbucht. Die Kreditbilanz per 31. 12. 1989 war mit Kreditnahmen der Betriebe in Höhe von 260,4 Mrd. Mark und Guthaben von 60,4 Mrd. Mark ein Spiegelbild der Liquidität der Wirtschaft. Die klassische Erklärung des Kredits als Umverteilung zeitweilig freier Geldmittel traf für die DDR nicht mehr zu. Die Kreditaufnahme der Betriebe war überwiegend durch Auslandsverbindlichkeiten bedingt. Das Haushalts- und Kreditsystem der DDR war fest eingebettet in das System der Zentralverwaltungswirtschaft. Am Geld, unter marktwirtschaftlichen Bedingungen das Alpha und Omega, durfte nichts scheitern. Mit den Plänen wurde die Finanzierung aller Aufgaben zentral festgelegt. Die naturalwirtschaftliche Bestimmung der Prozesse stand im Vordergrund, das Geld konnte bestenfalls hinsichtlich verschiedener Realisierungsvarianten eine Rolle spielen. Das Verhalten der Führung gegenüber dem Geldwesen war von Unkenntnis und Ingnoranz seiner Gesetzmäßigkeiten diktiert. Honecker ging es in erster Linie um die propagandistische Ausschlachtung des Staatshaushaltes zur Darstellung "seiner" so erfolgreichen Sozialpolitik. Die Werte für Sozialausgaben konnten nicht hoch genug sein und wurden durch immer neue Untergliederungen und Zuordnungen "transparenter" gemacht. Das Volk interessierte sich wenig für solcherart Selbstglorifizierung, bei der die darüber gemachten Schulden verschwiegen wurden.

VI. Das rigorose Außenhandels- und Valutamonopol der Zentralverwaltungswirtschaft

Das staatliche Außenhandels- und Valutamonopol war untrennbarer Bestandteil der Zentralverwaltungswirtschaft, die ohne dieses Monopol überhaupt nicht durchsetzbar gewesen wäre. Unter den Bedingungen der immer weitergehenden Liberalisierung des Welthandels, wofür der künftige gemeinsame EG-Markt ab 1992 ein Beispiel sein wird, mußte sich das staatliche Außenhandels- und Valutamonopol als zunehmendes Hemmnis für die Einbindung in die internationale Arbeitsteilung erweisen. Waren es gegenüber den westlichen Ländern vor allem politische Gründe und die Devisenschwäche, die einer Lockerung des staatlichen Außenhandels- und Valutamonopols entgegenstanden, so bildete gegenüber den RGW-Ländern die Konstruktion der Zentralverwaltungswirtschaft mit ihrer bis ins einzelne gehenden Planung und Bilanzierung, mit ihrer zentralen Verteilung selbst das entscheidende Hemmnis. So bot der gesetzliche Rahmen, der mit der Kombinatsverordnung im Jahre 1979 geschaffen worden war, für die Kombinate und Exportbetriebe zur Kooperation mit Partnern in RGW-Ländern durchaus einen gewissen Handlungsspielraum. In der Realität konnte er jedoch nur in geringem Umfang eigenverantwortlich ausgeschöpft werden. Der Hauptweg führte immer über die zwischen den Regierungen vorgenommenen zentralen Plankoordinierungen. Einer wirklich tiefgehenden und gleichzeitig flexiblen Arbeitsteilung blieben damit von vornherein enge Grenzen gesetzt.

Waren schon die inneren Verflechtungen durch die zentrale Planung und Bilanzierung nicht überschaubar, so konnten es die internationalen umso weniger sein. Der naturalwirtschaftliche Charakter der zentralen Planwirtschaften bestimmte weitgehend die Strukturen der außenwirtschaftlichen Beziehungen der RGW-Länder. Die Valutabeziehungen auf der Basis des transferablen Rubels spielten dieselbe passive Rolle wie die Wertkategorien in der Zentralverwaltungswirtschaft generell. Das Geld war seiner Rolle als allgemeines Äquivalent beraubt und diente nur als Verrechnungseinheit. Die RGW-Preisbildungsprinzipien boten bei großen Produktivitätsunterschieden der Länder wenig Anreiz zu intensiverer Arbeitsteilung. Jedes RGW-Land war vor allem am Verkauf von Fertigprodukten, aber nicht an der Rolle des Zulieferers interessiert. Es entstanden in allen

RGW-Ländern ähnliche Strukturen, die selbst bei Finalerzeugnissen nur einen geringen Sortimentsaustausch, wie z. B. bei Industriegütern für die Bevölkerung, wie Pkw, Unterhaltungselektronik, Kühlmöbel u. ä., zur Folge hatten. Die Errichtung gemeinsamer Betriebe - die DDR war insgesamt nur an zwei Betrieben beteiligt - erwies sich als wenig tragfähig. Letztenendes waren es aber vor allem der Bilateralismus der Außenhandelsbeziehungen und das Fehlen einer - wenigstens im Rahmen der RGW-Länder - konvertiblen Währung, die die RGW-Strukturen zunehmend erstarren ließen. Ein westlichen Wirtschaftsgemeinschaften ebenbürtiges Gebilde hätte der RGW deshalb nur dann werden können, wenn die Zentralverwaltungswirtschaften durch marktwirtschaftliche Ordnungen abgelöst, das Außenhandels- und Valutamonopol des Staates gebrochen und die Konvertierbarkeit der Währungen hergestellt worden wären. Das Außenhandels- und Valutamonopol war in der DDR in mehrere Verantwortungsbereiche aufgespalten. Das Ministerium für Außenhandel war erstrangig für den planmäßigen Export zuständig. Für Importe waren die dem Ministerium unterstellten Außenhandelsbetriebe nur hinsichtlich des Einkaufs verantwortlich. Die Entscheidung über Importe lag bei der Staatlichen Plankommission und dem Ministerium für Materialwirtschaft, weil Importe im Rahmen der Zentralverwaltungswirtschaft erstrangig als Versorgungsfaktor galten.

Neben dem geplanten Außenhandel existierte der berühmt- berüchtigte Bereich Kommerzielle Koordinierung, über den umfangreiche Export- und Importgeschäfte außerhalb der Pläne, mit erheblich störenden Rückwirkungen auf die Planmäßigkeit der Wirtschaft, getätigt wurden.

Die Sicherung der Liquidität des Landes gegenüber dem westlichen Ausland bzw. den dortigen Banken lag schließlich bei aller Gewaltenteilung in den Händen der interdisziplinär zusammengesetzten Zahlungsbilanzgruppe, der unter der Verantwortung des Vorsitzenden der Staatlichen Plankommission neben den Leitern der genannten Organe der Präsident der Außenhandelsbank und der zuständige Stellvertreter des Ministers der Finanzen angehörten.

Die Aufteilung der Verantwortung in der Zentralverwaltungswirtschaft, in welchen konkreten Strukturen auch immer angesiedelt, war nicht zufällig. Eine Gesellschafts- und Wirtschaftsordnung, in der objektiv existierende Interessengegensätze nicht mit demokratischen und marktwirtschaftlichen Spielregeln ausgetragen, sondern kraft der Zentralgewalt gleichgeschaltet wurden, braucht die Teilung der Verantwortung, um der Führung die letzte Entscheidungsgewalt zu sichern. Es geht der Zentralverwaltungswirtschaft gar nicht um das Optimum der gesellschaftlichen Lösung in Eigenverantwortung. Die Zentrale würde sich damit selbst in starkem Maße entbehrlich machen. Die Verantwortungsteilung war vielmehr darauf angelegt, alle wesentlichen Entscheidungen immer wieder der SED-Führung vorzulegen. Die Teilung der Verantwortung schloß unterschiedliche Vollmachten und Prioritäten ein. Vor allem für den Export ins westliche Ausland wurden reichlich Prioritäten gesetzt. Im Vordergrund stand immer die quantitative Erfüllung. Wenn, wie das in zunehmendem Maße der Fall war, die geplante Exportrentabilität nicht erreicht werden konnte, hatte die Erfüllung des notwendigen Exportvolumens absoluten Vorrang. Das ließ sich natürlich nur erreichen, indem der physische Export in der Regel zu Lasten der Inlandversorgung erhöht wurde. Dafür wurden dem Minister für Außenhandel die kräftigsten Möglichkeiten zur Interessierung der Wirtschaft in die Hand gegeben. Am ausgeprägtesten war das zweifellos bei der Zahlung persönlicher Prämien an die verantwortlichen Leiter in der Wirtschaft, die für Generaldirektoren im Fall der Erfüllung der meist hochgesteckten Exportplanziele ins westliche Ausland bis zu 15 000 Mark jährlich betragen konnten. Solche Beträge im Umfang mehrerer Monatsgehälter überstiegen bei weitem die sonst üblichen Prämienzahlungen.

Der Kehraus der Wirtschaft zugunsten des Exports für harte Devisen - zum geflügelten Wort entwickelte sich "die Zahlungsbilanz regiert" - konnte nicht ohne Versorgungsprobleme im Innern bleiben. Der Hunger der Wirtschaft nach dem Import westlicher Ausrüstungen und Zulieferungen war groß, einmal wegen wachsender Versorgungsengpässe im Innern, zum anderen wegen der damit garantierten Leistungsfähigkeit bzw. Qualität. Die Zentralverwaltungswirtschaft konnte dem nur einen Hürdenwald bürokratischer Hindernisse entgegenstellen. Die Einordnung eines Importanteils aus westlichen Ländern in die Material-, Ausrüstungs- und Konsumgüterbilanzen bedeutete noch nicht die eigenverantwortliche Entscheidung über die tatsächliche Importrealisierung in der Plandurchführung. Dazu war eine zentrale Kommission unter Leitung des Ministers für Materialwirtschaft berufen, die nach einem komplizierten Genehmigungsverfahren über die Freigabe konkreter Importe entschied.

Ein solches Verfahren erwies sich auch als notwendig, weil der zentralen Bilanzierung zunehmend "unspezifizierte NSW- Importe" - so wie es auch "unspezifizierte Exporte" gab - zugrunde lagen. Exportseitig hieß das, Waren für den Export zu bilanzieren, die entsprechend der festgelegten Verteilung gar nicht zur Verfügung standen. Für den Import hieß das, im Prozeß der Bilanzierung als notwendig anerkannte Importe zunächst nicht zu finanzieren. Beide Unspezifizierungen sollten jeweils im Prozeß der Plandurchführungen aufgelöst werden. Während das bei Importen mit "Hilfe des Rotstiftes" weitgehend gelang, war es beim Export in der Regel nicht der Fall. Die bilanzverantwortlichen Kombinate hatten ihrerseits kein Interesse, einmal für notwendig erachtete Importe zusammenzustreichen. Das Importgenehmigungsverfahren blieb deshalb ein weites Feld für die zentrale Planungsbürokratie, weil nur sie zusammenzubinden vermochte, woran Kombinate wegen der zentralen Gewaltenteilung nicht interessiert sein konnten. Im Gegenteil, als Produzenten waren die Kombinate einseitig an einem maximalen Export interessiert. In ihrer Rolle als Bilanzorgan konnten sie nur interessiert sein, ein Maximum an Importen zu Lasten der Volkswirtschaft zu erhalten. Erst spät brach sich die Erkenntnis Bahn, daß es das gesamtgesellschaftliche Interesse erfordert, im Rahmen der Bilanzverantwortung Ex- und Importe zu optimieren und die Kombinate an der Verbesserung des Saldos zu interessieren. Dieser im Rahmen der Eigenerwirtschaftsexperimente geborene Gedanke mußte natürlich am zentralen Verantwortungsressort rütteln und war deshalb von vornherein zum Scheitern verurteilt.

Als typisches Produkt der Zentralverwaltungswirtschaft trug der Bereich "Kommerzielle Koordinierung" nicht wenig zur Destabilisierung der zentralen Planung bei. Das Unternehmen war ganz nach internationalen marktwirtschaftlichen Gesichtspunkten und dem Motto "pecunia non olet" organisiert. Es gab kaum ein Geschäft, das das Imperium Schalck-Golodkowski nicht betrieb. Für Honecker und Mittag, dem das Unternehmen persönlich unterstand, war der Bereich Kommerzielle Koordinierung der letzte Rettungsanker zur Sicherung der Liquidität der DDR sowie zur Durchführung aller möglichen Feuerwehraktionen für die Versorgung der Bevölkerung, wenn Mißstände in der Warenbereitstellung einen für die politische Stimmung im Lande kritischen Grenzwert zu überschreiten drohten.

Die Zentralisation erreichte hier ihren einsamen Gipfel. Sie war Ausdruck des Mißtrauens gegenüber der Planwirtschaft hinsichtlich ihrer Leistungsfähigkeit und Flexibilität. Die so viel geschmähte kapitalistische Markt- und Profitwirtschaft wurde immer dann bemüht, wenn die sozialistische Planwirtschaft wieder einmal versagt hatte. Im Verhältnis zur volkseigenen Wirtschaft sorgte der Bereich Kommerzielle Koordinierung für die Nutzung nicht voll ausgelasteter Kapazitäten durch Import von Rohstoffen und den Verkauf der Produkte - wie im Fall des Petrolchemischen Kombinates Schwedt oder Betrieben der industriellen Tierhaltung in der Landwirtschaft - und versorgte die Wirtschaft mit Ausrüstungen, die im Rahmen der Bilanzen planmäßig nicht zur Verfügung gestellt werden konnten. Diese Versorgung geschah jedoch nur auf Kreditbasis. Wer ein Importgeschäft mit dem Bereich Kommerzielle Koordinierung schloß, mußte ihm in den Folgejahren Produkte zur Rückzahlung überantworten, was nichts anderes als einen Vorgriff auf künftige Planexporte bedeutete. Die Marktwirtschaft im Staate grub der Planwirtschaft so zunehmend das Wasser ab.

VI. Das Außenhandels- und Valutamonopol

Schizophrene Formen nahmen diese Geschäfte an, als der Bereich Kommerzielle Koordinierung begann, für den Export gegen Devisen bestimmte Waren inländischer Produzenten aufzukaufen, um sie inländischen Abnehmern wie Westimporte außerplanmäßig zu verkaufen. Die Exportbetriebe konnten damit ihre Export-Pläne in das westliche Ausland erfüllen, ohne wirklich mit dem Markt konfrontiert worden zu sein. Die inländischen Verbraucher hatten dafür einen mehrfach höheren Preis zu zahlen, als bei einem planmäßigen Bezug der jeweiligen Erzeugnisse vom inländischen Produzenten. Statt des staatlich bestätigten Industriepreises mußten sie den den Exporteuren gezahlten Richtungskoeffizienten (seit 1988 340 % vom Exporterlös/Importaufwand) und die Handelsspanne für den Bereich Kommerzielle Koordinierung mitbezahlen.

Angesichts der verringerten Akkumulationskraft war das Geschäft mit dem Bereich Kommerzielle Koordinierung oft die einzige Möglichkeit, dringend benötigte Ausrüstungen zu erhalten. Aufgrund des zu geringen Aufkommens und der einseitigen Exportausrichtung des Werkzeug- und Verarbeitungsmaschinenbaus konnten viele Kombinate der verarbeitenden Zweige über mehrere Jahre hinweg keinerlei Maschinen und Ausrüstungen aus eigener Produktion erhalten. Der Import war durch die notwendige Bezahlung des Richtungskoeffizienten in jedem Fall eine teure Angelegenheit. Preisrechtlich war das "gesellschaftlich notwendiger" Aufwand, der bei der nächsten Industriepreisänderung geltend gemacht wurde. Die ständig sinkende Exportrentabilität bildete so den End- und neuen Ausgangspunkt für eine eskalierende Inflation.

Was für Ausrüstungen galt, traf auch auf die Importe von Zulieferungen zu. In der Zentralverwaltungswirtschaft der DDR gab es für ein und dasselbe Produkt einen für alle Verbraucher einheitlichen Industrieabgabepreis. Bei mehreren Aufkommensquellen wurde er als gewichteter Mischpreis ermittelt. Konkurrenzangebote paßten nicht in die Zentralverwaltungswirtschaft. Der Mischpreis deckte den Aufwand insgesamt, den Importaufwand für Produkte aus dem westlichen Ausland - bewertet mit dem Faktor 4,4 - aber nur noch zum Teil. Die Außenhandelsbetriebe blieben auf den hohen Importverlusten sitzen, die ab 1988 über vertragsbezogene Formen der Importabgabepreisbildung den Verbrauchern angelastet wurden. Von diesen Maßnahmen wurde erwartet, daß sie die Nachfrage nach Importen aus westlichen Industrieländern dämpfen sollten. In einer Wirtschaft, in der sich Effektivität nur nach den mit dem Plan gesetzten Zielen, ohne objektivierte Mindestanforderung an die eigene Rentabilität des Betriebes mißt, konnte eine solche Wirkung aber nicht eintreten. Was der Staat mit seinen überhöhten Preisen auslöste, wurde der Staatskasse über den Plan wieder in Rechnung gestellt.

Die oft geforderte Konfrontation mit dem äußeren Markt kam über den ideologisch Appell kaum hinaus. So bedeutete auch das bereits in den 60er Jahren eingeführte "Einheitliche Betriebsergebnis" als Zusammenfassung von Inlands- und Exportergebnis keineswegs eine an die Existensfähigkeit reichende Begegnung mit den harten Bedingungen des Weltmarktes. Die volkseigenen Exportbetriebe waren von seinen rauhen Winden in mehrfacher Hinsicht geschützt. Mindestens jährlich feste Wechselkurse schlossen Auswirkungen spontaner Veränderungen der Austauschverhältnisse wie beim Floating oder innerhalb festgelegter Bandbreiten aus. Exportverluste waren in voller Höhe planbar und wurden in der Differenz zwischen Industrieabgabepreis und Exporterlösen voll aus dem Staatshaushalt gestützt. Darüber hinaus wurden aus dem Staatshaushalt für Exporte gegen Devisen sogenannte Exportförderprämien als Kostengutschriften gewährt. Die Zentralverwaltungswirtschaft sorgte so dafür, daß der Export des Landes nicht aus Wirtschaftlichkeitsgründen gefährdet wurde. Dagegen wirkten sich Exportgewinne eher nachteilig für die betreffenden Betriebe aus. Der Überschuß der Exporterlöse gegenüber den Inlandspreisen mußte selbstverständlich geplant werden. In Betrieben mit hohem Exportanteil und günstiger Exportrentabilität konnte der Exportgewinn den Inlandsgewinn um ein Mehrfaches übersteigen. Die Realisierung dieses Gewinns setzte die Erfüllung der Exportziele voraus. Schon geringe Untererfüllungen konnten erhebliche Schmälerungen für die eigenen finanziellen Fonds zur Folge haben, denn die geplanten Abführungen an den Staatshaushalt waren unbedingt einzuhalten. Und Planuntererfüllungen beim Export in westliche Länder waren bei den meist sehr hochgeschraubten Planzielen beinahe die Regel. Das Interesse an diesem Export war trotz der beträchtlichen Stimulierungen nicht ungeteilt, zumal die harten Bedingungen der westlichen Märkte einen hohen Aufwand an Marketing und Service erforderten sowie höchste Ansprüche an wissenschaftlich-technisches Niveau und Qualität stellten. Das wirksamste Mittel für eine kräftige Stimulanz des Exports gegen harte Devisen wäre die Beteiligung und freie Verfügbarkeit der Exportbetriebe an selbst erwirtschafteten Valuten gewesen. Die Gewährung solcher eigenverantwortlich zu verwendenden Valutaanrechte war Anfang der 80er Jahre eingestellt worden. Sie wurde erst 1987 in sehr bescheidenen Größenordnungen wieder aufgenommen.

Alle diese Faktoren trugen dazu bei, daß der Export in das westliche Ausland seit Mitte der 80er Jahre nicht mehr zu expandieren vermochte. So wenig wie die Zentralverwaltungswirtschaft im Innern Ausgeglichenheit gewährleisten konnte, so wenig gelang das mit den vom Außenwirtschafts- und Valutamonopol ausgehenden Wirkungen für die Handels- und Zahlungsbilanz. Was an Exportkraft nicht gewonnen werden konnte, mußte durch Schrumpfungen im Import ausgeglichen werden. Das Außenhandels- und Valutamonopol des Staates war für die Bremswirkung auf die Ausweitung internationaler Beziehungen bestens geeignet.

VII. Die Zerstörung aller Ansätze für Reformbestrebungen - die autoritäre Praxis der Wirtschaftsleitung der SED-Führung

Die gravierenden Nachteile der Zentralverwaltungswirtschaft gegenüber der Marktwirtschaft lassen die Frage entstehen, wie dieses System dennoch über eine relativ lange Zeit erhalten bleiben konnte. Dazu haben eine Vielzahl von Faktoren und die historische Entwicklung beigetragen. In jedem Fall spielte die feste Verbindung mit dem politischen und ökonomischen System der UdSSR, das in seinen Grundzügen auch in der DDR errichtet worden war, eine entscheidende Rolle. Solange dieses System in der UdSSR nicht selbst in Frage gestellt wurde, konnte schon aufgrund der Bedeutung der DDR als Hauptpartner der UdSSR und ihrer Rolle in der Gemeinschaft der sozialistischen Länder ein eigenständiger Weg nicht in Betracht kommen. Die UdSSR als führende Großmacht des Sozialismus hätte eine solche Abtrünnigkeit nicht geduldet. Die mit Gorbatschow eingeleiteten Veränderungen bildeten deshalb den entscheidenden Ausgangspunkt für den Umbruch auch in der DDR.

Ein zweiter Umstand liegt zweifellos in der Tatsache begründet, daß von der Idee des Sozialismus, von ihren Gerechtigkeitsidealen eine große Faszination ausging, von der sich viele Menschen lange Zeit angesprochen und ihr verpflichtet fühlten. Schwierigkeiten wurden zunächst nicht ursächlich dem System angelastet, sondern den komplizierten Startbedingungen. Hinzu kommen weitere historische und ökonomische Aspekte. In den Jahren des kalten Krieges war es für die Menschen nicht einfach, die Entwicklungen zu durchschauen und zu werten. Vieles offenbarte sich erst im Laufe der Zeit. Zudem gab es Abschnitte in der Entwicklung der DDR, die auch augenscheinliche wirtschaftliche Fort- schritte brachten und die Menschen hoffen ließen, sich dem Niveau westlicher Länder wieder nähern zu können. Darüber hinaus wurde ein mächtiger Propagandaapparat nicht müde, die Vorzüge des Sozialismus anzupreisen und die Nachteile marktwirtschaftlicher Ordnungen in den schwärzesten Farben darzustellen. Der Ellenbogengesellschaft des Kapitalismus wurde die heile Welt der Solidargemeinschaft des Sozialismus gegenübergestellt. Viele Bürger, denen es aufgrund der Isolierung von der westlichen Welt an Vergleichen mangelte, waren für diese Propaganda lange Zeit keineswegs unempfänglich. Die Propagandathese, die DDR gehöre zu den zehn führenden Industrieländern, hatte zunächst durchaus eine gewisse moralische Wirkung. Die aus der deutsch-deutschen Begegnung nach dem Fall der Mauer deutlich sichtbar gewordene Erkenntnis, so viele Jahre einem uneffizienten System gedient zu haben, mußte deshalb für viele umso schmerzlicher sein, und neue Einsichten werden auch noch viel Zeit brauchen. Zu den entscheidenden Faktoren der relativen Stabilität des Systems ist die nahezu perfekte Organisation der politischen und wirtschaftlichen Machtausübung zu rechnen. Die de facto Ein-Parteien-Herrschaft der SED besaß alle Züge der Diktatur. Ein Großteil der Menschen engagierte sich mit dem System, weil sich nur dadurch die Chance zur Selbstverwirklichung eröffnete.Der Treueschwur zum System galt mehr als fachliche Kompetenz, und die treuesten Diener des Staates wurden am reichlichsten belohnt. Anders als in pluralistischen Gesellschaftsformen war der Großteil der fähigsten Köpfe fest in die diktatorische Hierarchie integriert und von ihr korrumpiert, während eine demokratische Formierung und Äußerung oppositioneller Kräfte mit allen Machtmitteln unterbunden wurde. Ein Heer von Funktionären der SED, des FDGB, der FDJ und weiterer Organisationen sorgte im Verein mit den staatlichen Leitungen dafür, daß die Politik der SED bis an den letzten Arbeitsplatz herangetragen wurde und die Menschen einem Dauerdruck der Beschäftigung mit dieser Politik ausgesetzt wurden. Die Gleichschaltung aller Kräfte der Gesellschaft war die Voraussetzung für die Ausübung absolutistischer Zentralgewalt. Man bediente sich hierfür der Philosophie des Sozialismus, derzufolge eine Übereinstimmung der Interessen der Gesellschaft als Ganzes, ihrer Gruppierungen und der Individuen, existiert. In nicht geringem Maße trug auch gerade der Plan zur Disziplinierung der Menschen bei. Das Prinzip des "demokratischen Zentralismus" kannte in Wahrheit nur die totale Über- und Unterordnung, denen pseudodemokratische Mäntelchen umgehängt wurden. Alle Entscheidungen zur Entwicklung in der Gesellschaft, so auch in der Wirtschaft, wurden in hohem Grade zentralisiert. Die Entscheidungsgewalt selbst gehörte dabei nicht eigentlich der Regierung, in der auch Vertreter der Blockparteien saßen. Alle wesentlichen Fragen wurden im Politbüro oder im Sekretariat des ZK der SED und nicht zuletzt in der von Mittag geleiteten Wirtschaftskommission des ZK entschieden. Als ungeschriebenes Gesetz galt, daß Regierungsbeschlüsse erst mit der Absegnung durch eines der genannten Gremien der Parteiführung ihre endgültige Bestätigung erhielten. Und die Mehrzahl der Regierungsbeschlüsse wurde diesen Gremien noch einmal vorgelegt, während umgekehrt alle Beschlußfassungen der SED-Führung - bis auf parteiinterne Fragen - durch den Ministerrat nachvollzogen werden durften.

Das Politbüro war in seiner Zusammensetzung aus den Sekretären des ZK, den Hauptverantwortlichen der Regierung und einigen 1. Sekretären der Bezirksleitungen ein Spiegelbild der bereichs- und flächendeckenden Verschmelzung von Partei und Staat. Die sukzessive Unterdrückung der innerparteilichen Demokratie und das fehlende Rotationsprinzip bei der Besetzung leitender Funktionen hatten das Politbüro zu einem der Parteibasis mehr und mehr entfremdeten Gremium absoluter Machtausübung werden lassen. Innerhalb dieser Institution hatte sich Honecker einen überragenden persönlichen Führungsanspruch gesichert. Ihm waren keine Mittel absoluter Machtausübung fremd. Wer sich nicht vollständig unterordnete, mußte gehen, wie das beim ehemaligen 1. Sekretär der Bezirksleitung Berlin, Naumann, der Fall war.

Honeckers Führungsstil färbte ab, am allermeisten auf seine getreueste Stütze Mittag. Seine Rolle in dem von Honecker geführten Politbüro ist nicht ohne Rückblick auf das "Neue ökonomische System" erklärbar, zu dessen eifrigsten Protagonisten Mittag gehört hatte. Mit ihm verbunden war auch der ehemalige Vorsitzende der Staatlichen Plankommission, Erich Apel. Gemeinsam hatten sie Beiträge zum "Neuen ökonomischen System" herausgegeben, die für Wirtschaft und Wissenschaft sofort zum Maßstab aller Dinge wurden. Darauf folgte der ebenso spektakuläre wie undurchsichtige Selbstmord von Apel, Skatbruder Mittags und Kandidat des Politbüros. Mit diesem Sündenfall verquickt zu sein, auch wenn inzwischen Jahre vergangen waren, war nicht so leicht zu vergessen, umso weniger, da Honecker als Berufspolitiker mit dem aus der Wirtschaft kommenden Mittag eine nicht unbedingt gleiche Anschauungsweise besaß. Die Entbindung Mittags von der Funktion als Sekretär für Wirtschaft im September 1973 unmittelbar nach dem Tod Ulbrichts und sein Einsatz als 1. Stellvertreter des Regierungsvorsitzenden glich deshalb mehr einer Verbannung. Als Renegat und mit der Verpflichtung zur konsequenten Durchsetzung der Zentralverwaltungswirtschaft kehrte Mittag im Oktober 1976 in das weit einflußreichere Parteiamt zurück. Honecker brauchte Mittag als Persönlichkeit mit starkem Behauptungswillen, um für sich den Rücken frei zu haben für die Durchführung seiner voluntaristischen Sozialpolitik. Er räumte ihm deshalb für den Bereich der Wirtschaft uneingeschränkte Machtpositionen ein. Erst mit der Rückkehr Mittags in das Sekretariat des ZK begann die Unterordnung der Regierung unter die Parteiführung immer ausgeprägtere Züge anzunehmen. Mittag zog alle durch die Regierung zu treffenden Entscheidungen auf wirtschafts- und sozialpolitischem Gebiet inhaltlich auf seinen Tisch. In der von ihm geleiteten Wirtschaftskommission beim Politbüro des ZK der SED waren alle für die Wirtschaft verantwortlichen Minister und Leiter zentraler Staatsorgane vertreten, auch der 1. Stellvertreter des Vorsitzenden des Ministerrates, aber nicht der Ministerratsvorsitzende selbst. Die seit 1980 mit den Generaldirektoren der Kombinate vom ZK der SED und dem Ministerrat der DDR durchgeführten Seminare gestalteten sich ganz nach dem Szenario Mittags. An diesen Seminaren nahmen auch die von Mittag in den Kombinaten installierten Parteiverantwortlichen teil. Selbst Beratungen mit Generaldirektoren von Kombinaten zur Bilanzierung und Durchführung des Planes fanden zunehmend an seinem Tisch statt, freilich mit immer geringeren Ergebnissen. Absolute Machtkonzentration und Bevormundung lähmte die Initiativen tausender verantwortlicher Leiter in Staat und Wirtschaft zusehends und formierte Widerstände gegen das System. Die nimmermüde Unrast Mittags beim Kommandieren der Wirtschaft verfehlte ihre Wirkung immer mehr.

Viele seiner einstigen Verbündeten wollten und konnten seinem Machtstreben und seinen voluntaristischen Methoden nicht mehr Gefolgschaft leisten. Die Enttäuschung der Massen über die ausbleibenden realen Fortschritte in der Wirtschaft und der Verbesserung des Lebensniveaus und ihre Empörung über die schöngefärbten Erfolgsberichte erreichten schließlich immer höhere Funktionärskreise.

Die fehlende Motivation von Millionen Menschen in der Zentralverwaltungswirtschaft war auch durch noch so drakonische Maßnahmen nicht mehr länger zu überspielen. Das System hatte seinen Gipfelpunkt überschritten und verfügte über keinen Reaktionsspielraum mehr. Die Zeit war reif für einen grundlegenden Umbruch, wofür letztendlich - und das war Ausdruck für die innere Konsistenz dieses Systems - äußere Einflüsse den Anlaß gaben.

D. Die Wirtschaftspolitik und das Wirtschaftssystem in der DDR - theoretischer Exkurs

I. Die Hinterlassenschaft der Klassiker des Marxismus - Leninismus

In der begonnenen Diskussion über das weitere Schicksal der Idee des Sozialismus/Kommunismus findet sich wiederholt der Hinweis auf die Entstellung der marxistischen Theorie durch die Praxis der Entwicklung des real existierenden Sozialismus. Unzweifelhaft sind die theoretischen Erkenntnisse im Werk von Marx und Engels historisch bedingt und deshalb begrenzt. Ihre Theorie entstand aus der Kritik der gesellschaftlichen Verhältnisse des 19. Jahrhunderts, die im wesentlichen durch den Kapitalismus der freien Konkurrenz geprägt wurden. Ihre Prognose für die künftige Entwicklung der Menschheit - so unscharf ihre Konturen im Detail sein mögen - beruht auf der Annahme der totalen Umwälzung aller bisherigen gesellschaftlichen Ordnungen, die von ihnen als Ausbeutergesellschaften definiert wurden, durch Errichtung einer "klassenlosen" Gesellschaft.

Die Grundidee des Sozialismus/Kommunismus entsprach den Intentionen der Ärmsten und Besitzlosen aller Länder, ja ganzer Völkerschaften und Regionen und wurde für sie zum erfolgversprechenden Leitbild zur Überwindung ihrer Misere. Mit ihr verbanden sich viele Hoffnungen und Sehnsüchte auf höheren Wohlstand für alle in einer sozial gerechteren Gesellschaft. Sie konnte deshalb auch in den großen Auseinandersetzungen unserer Zeit eine so gewaltige Rolle spielen. Das Scheitern des real existierenden Sozialismus am Ende der 80er Jahre des 20. Jahrhunderts stellt deshalb eine tiefgreifende Zäsur dar.

Die historische Analyse dieses Scheiterns und die Untersuchung der systembedingten Nachteile des sozialistischen Gesellschafts- und namentlich des Wirtschaftssystems gegenüber der Marktwirtschaft kommen nicht daran vorbei, die theoretischen Wurzeln des Systems einer neuen Prüfung zu unterziehen. Dazu waren die Aussagen von Marx, Engels und Lenin bestimmt genug, um heute erkennen zu können, daß gerade entscheidende, von ihnen gesetzte Prämissen sich als nicht funktionsfähig erwiesen haben.

Der entscheidende Ausgangspunkt für den Sozialismus/Kommunismus war für Marx und Engels die Veränderung der Eigentumsverhältnisse. "Was den Kommunismus auszeichnet, ist nicht die Abschaffung des Eigentums überhaupt, sondern die Abschaffung des bürgerlichen Eigentums... In diesem Sinne können die Kommunisten ihre Theorie in dem einen Ausdruck: Aufhebung des Privateigentums, zusammenfassen." [18]

Nach dem Verständnis von Marx und Engels schafft die kapitalistische Produktionsweise einen solchen Grad der Vergesellschaftung der Produktion, der mit privaten Besitzverhältnissen und privater Aneignung nicht mehr vereinbar ist.

"Die Zentralisation der Produktionsmittel und die Vergesellschaftung der Arbeit erreichen einen Punkt, wo sie unverträglich werden mit ihrer kapitalistischen Hülle. Sie wird gesprengt. Die Stunde des kapitalistischen Privateigentums schlägt. Die Expropriateurs werden expropriiert."[19]

Marx und Engels lassen auch keine Zweifel hinsichtlich der künftigen Eigentümerschaft. "Ist einmal der erste radikale Angriff gegen das Privateigentum geschehen, so wird das Proletariat sich gezwungen sehen, immer weiter zu gehen, immer mehr alles Kapital, allen Ackerbau, alle Industrie, allen Transport, allen Austausch in den Händen des Staates zu konzentrieren."[20] Diese Vision wurde in den Ländern des real existierenden Sozialismus mit aller Konsequenz verwirklicht. Die totale Vergesellschaftung der Produktion und ihre umfassende Subordination unter den Staat lagen für Marx und Engels in der Logik der kapitalistischen Zentralisation begründet. Aus der Vergesellschaftung der Produktion leiteten Marx und Engels die Notwendigkeit der Vergesellschaftung der Produktionsmittel und daraus schließlich den unmittelbar gesellschaftlichen Charakter der Arbeit ab. "Sobald die Gesellschaft sich in den Besitz der Produktionsmittel setzt und sie in unmittelbarer Vergesellschaftung zur Produktion verwendet, wird die Arbeit eines jeden, wie verschieden auch ihr spezifisch nützlicher Charakter sei, von vornherein und direkt gesellschaftliche Arbeit."[21] Mit dieser These wurde zweifellos eine der wesentlichsten und verhängnisvollsten Fußangeln für die Gestaltung der ökonomischen Verhältnisse auf der Basis des Gemeineigentums an den Produktionsmitteln gelegt. Für das Weiterbestehen des Doppelcharakters der Arbeit als gebrauchswert- und werteschaffende Tätigkeit und damit die Existenz der Warenproduktion und des Warenaustauschs sowie alle mit ihnen verbundenen Kategorien des Geldes gab es da-

---

[18] Manifest der Kommunistischen Partei, Marx-Engels-Werke, Band 4, S. 475.
[19] Karl Marx, Das Kapital, Band 1, Marx-Engels-Werke, Band 23, S. 791.
[20] Friedrich Engels, Grundsätze des Kommunismus, Marx-Engels-Werke, Band 4, S, 374.
[21] Friedrich Engels, Anti-Dühring, Marx-Engels-Werke, Band 20, S. 288.

nach konsequenterweise keine Grundlage mehr."Die unmittelbar gesellschaftliche Produktion wie die direkte Verteilung schließen allen Warenaustausch aus, also auch die Verwandlung der Produkte in Waren ... und damit auch ihre Verwandlung in Werte." [22]

Engels war es vor allem, der die Vorstellung von einer gewaltigen neuen Triebkraftwirkung, einer unbeschränkten Erweiterung der Möglichkeiten der Bedürfnisbefriedigung und der Beseitigung der Anarchie in der Produktion im Gefolge der vergesellschafteten Arbeit entwickelte, nicht ahnend, welche Schwierigkeiten der reale Sozialismus gerade auf diesen Gebieten haben sollte.

Erkannten Marx und Engels die gesellschaftliche Arbeitsteilung als Ursache für die Warenproduktion durchaus an, so sollten nach ihrer Auffassung mit der gesellschaftlichen Aneignung der Produktionsmittel die Gründe für ihre Existenz beseitigt sein. Der aus der unterschiedlichen Herstellung von Gebrauchswerten resultierende Austausch der Produktion verschiedener Abteilungen der gesellschaftlichen Produktion sollte sich nicht mehr vermittels der Ingredienzien der Warenproduktion, des Geldes und der Preise vollziehen, sondern nunmehr als Akt bewußter planmäßiger Regulierung..." an die Stelle der gesellschaftlichen Produktionsanarchie (tritt) eine gesellschaftlich-planmäßige Regelung der Produktion nach den Bedürfnissen der Gesamtheit wie jedes einzelnen."[23]

Der Übergang vom Kapitalismus zum Kommunismus wurde von Marx und Engels unter dem Aspekt der dafür notwendigen Zeit und hinsichtlich der für die Übergangsphase geltenden ökonomischen Verhältnisse kaum untersucht. Umso idealer waren ihre Vorstellungen von der endgültigen Organisation der Ökonomie in der klassenlosen Gesellschaft. "In der kommunistischen Gesellschaft wird es ein leichtes sein, sowohl die Produktion wie die Konsumtion zu kennen. Da man weiß, wieviel ein einzelner im Durchschnitt braucht, so ist es leicht zu berechnen, wieviel von einer gewissen Anzahl Individuen gebraucht wird, und da die Produktion alsdann nicht mehr in den Händen einzelner Privaterwerber, sondern in den Händen der Gemeinde und ihrer Verwaltung ist, so ist es eine Kleinigkeit, die Produktion nach den Bedürfnissen zu regeln." [24] Die Praxis der zentralen staatlichen Planung und Bilanzierung hat indessen bewiesen, daß gerade dieser Anspruch überaus schwierig zu erfüllen und sie dabei der Marktwirtschaft unterlegen ist. Dieses Informationsproblem ist jedoch zweitrangig im Verhältnis zu den von Marx und Engels für die kommunistische Gesellschaft

---

[22] Ebenda, S. 288.
[23] Ebenda, S. 261.
[24] Friedrich Engels, Zwei Reden in Elberfeld, Marx-Engels-Werke, Band 2, S. 539.

ausgeschlossenen Funktionen des Geldes als Maß der Werte, als Medium des persönlichen Interesses und als Instrument der Verteilung sowie des Marktpreises als Mittler zwischen Angebot und Nachfrage.

Die These von der unmittelbar gesellschaftlichen Arbeit betrachtet die Wirtschaft eines Landes als ein einheitliches Gebilde, das das staatliche Dirigat unentbehrlich macht. Lenin griff diese Darstellung wiederholt auf: "Der proletarische Staat muß ein umsichtiger, sorgsamer, sachkundiger "Unternehmer", ein tüchtiger *Großkaufmann* werden."[25] Ach für ihn stand die einheitliche zentralistische Leitung der Wirtschaft durch den Staat nie zur Disposition. "Alle Pläne der einzelnen Produktionszweige müssen streng koordiniert, miteinander verbunden sein und in ihrer Gesamtheit den einheitlichen Wirtschaftsplan bilden, den wir so dringend benötigen."[26] Voraussetzung war für Lenin das ungeteilte gesamtgesellschaftliche Eigentum. "Aufgabe des Sozialismus ist es, alle Produktionsmittel in das Eigentum des gesamten Volkes zu überführen, jedoch keineswegs, die Schiffe an die Schiffsarbeiter, die Banken an die Bankangestellten zu übereignen." [27]

Lenin hielt es für "eine völlige Abkehr vom Sozialismus...", "wenn den Arbeitern einer einzelnen Fabrik oder eines einzelnen Berufszweiges in irgendeiner Form, direkt oder indirekt, das Eigentumsrecht an ihrer spezifischen Produktion gesetzlich zuerkannt wird oder das Recht, die Anordnungen der gesamtstaatlichen Macht abzuschwächen oder zu behindern..."[28]

Daß die Wunschvorstellungen über die Leistungsmotivation des von Ausbeutung befreiten Arbeiters nicht aufgingen und Rechnungsführung und Kontrolle - als "... das Wichtigste, was zum "Ingangsetzen", zum richtigen Funktionieren der kommunistischen Gesellschaft in ihrer *ersten Phase* erforderlich ist" [29] - in den Staatsbetrieben nicht den erwarteten wirtschaftlichen Auftrieb brachten, wurde Lenin sehr bald bewußt. In seinen späteren Schriften setzte er nicht mehr auf den unmittelbaren Enthusiasmus, sondern vor allem auf das persönliche Interesse und ersetzte den für die kriegskommunistische Phase verwendeten Begriff der "Rechnungsführung und Kontrolle" durch den der "wirtschaftlichen Rechnungsführung". "Die Überführung der Staatsbetriebe auf die sogenannte wirtschaftliche Rechnungsführung ist unvermeidlich und untrennbar verbunden mit der

---

[25] Lenin, Zum vierten Jahrestag der Oktoberrevolution, Werke, Band 33, S. 39.
[26] Lenin, VIII. Gesamtrussischer Sowjetkongreß 1920, Werke, Band 31, S. 508.
[27] Lenin, Ausführungen in einer Sitzung des Rates der Volkskommissare 1918, Werke, Ergänzungsband 1917 - 1923, S. 33.
[28] Lenin, Über den Demokratismus und den sozialistischen Charakter der Sowjetmacht, 1918, Werke, Ergänzungsband 1917 -1923, S. 77/78.
[29] Lenin, Staat und Revolution, 1917, Werke, Band 25, S. 487/488.

Neuen Ökonomischen Politik, und in nächster Zeit wird dieser Typus unausbleiblich zum vorherrschenden, wenn nicht zum ausschließlichen werden. Faktisch bedeutet das unter den Verhältnissen des zugelassenen und sich entwickelnden freien Handels, daß die Staatsbetriebe weitgehend auf kommerzielle Grundlage übergeführt werden."[30]

Lenin forderte, sich der Formen des kapitalistischen Wirtschaftssystems, kapitalistischer Lohnzahlungssysteme, der kaufmännischen Kalkulation zu bedienen, ohne an den marxistischen Grundfesten des staatlichen Eigentums und seiner zentralisierten Leitung zu rütteln. Sie gehörten zu seinem Vermächtnis, das für die Erbauer des Sozialismus auch in der DDR nicht wenige Schwierigkeiten bereiten sollte.

Es kann nicht Aufgabe dieser Arbeit sein, das theoretische Werk von Marx und Engels, deren große wissenschaftliche Leistung namentlich bei der Analyse der Gesellschaft und der kapitalistischen Produktionsweise des 19. Jahrhunderts wohl unbestritten ist, in bezug auf ihre Voraussagen für künftige Gesellschaftsordnungen generell in Frage zu stellen. Dazu bedarf es gründlicherer wissenschaftlicher Aufarbeitungen. Sie sind schon deshalb notwendig, weil angesichts vieler ungelöster globaler Menschheitsprobleme die Suche nach einer sozial gerechteren Welt nicht aufhören wird.

Unzweifelhaft haben die Ideen von Marx und Engels auch einen großen Einfluß auf die gesellschaftlichen Veränderungen in der Welt genommen. Das von ihnen heraufbeschworene "Gespenst des Kommunismus" bildete eine ständige große Herausforderung für die auf der Grundlage des Privateigentums existierende Gesellschaftsformation. Es entwickelten sich in ihr neue höhere Formen der Demokratie, der Rechtsstaatlichkeit, der Mitbestimmung der Arbeitnehmer und der Gewerkschaften, der Lenkung der Wirtschaft durch den Staat und der Verteilung des Sozialprodukts, die als Grundlagen des Zusammenlebens in einem modernen Gemeinwesen von den Menschen weit mehr angenommen wurden als die in den Ländern des "real existierenden Sozialismus". Die Diktatur des Proletariats, wie sie Marx und Engels vorschwebte, war hier zur Diktatur der Partei geworden. Persönliche Unfreiheiten, politisch-moralischer Druck, kleinliche Bevormundungen und Gängeleien führten dazu, daß sich die Menschen immer weniger mit dieser Art von Sozialismus zu identifizieren vermochten.

Vor allem mußten sie sich in zunehmendem Maße mit der Tatsache konfrontiert sehen, daß in den volkseigenen Betrieben, in den sozialistischen Genossenschaften und staatlichen Einrichtungen nicht ausreichend effizient gearbeitet wurde, um jenen Überfluß hervorzubringen, der nach Marx und

---

[30] Lenin, Über die Rolle und Aufgaben der Gewerkschaften unter den Verhältnissen der NÖP, 1922, Werke, Band 33, Seite 170/171.

Engels die materielle Basis für die Beseitigung aller Unfreiheiten und sozialen Ungerechtigkeiten sein sollte. In dieser Hinsicht kann nicht daran vorbeigesehen werden, daß die Vorstellungen von Marx und Engels über die Leistungsmotivation der "von Ausbeutung befreiten" assoziierten Produzenten, über die Überwindung der "Entfremdung" der Arbeiter von den Ergebnissen ihrer Arbeit, über ihre Rolle als Eigentümer der Produktionsmittel, über die unmittelbare gesellschaftliche Arbeit und die damit verbundene Abschaffung der Warenproduktion und -zirkulation, des Marktes und des Geldes nicht aufgegangen sind. Es war ihrem schöpferischen Geist nicht vergönnt, an Hand der gesellschaftlichen Praxis ihre Thesen überprüfen und in Frage stellen zu können.

Auch Lenin blieb dafür nur ein kurzer Zeitraum. Mit der "Neuen Ökonomischen Politik" führte er in der Praxis ein, was eine Weiterentwicklung der Theoreme von Marx und Engels hätte einleiten können. Zu wissenschaftlichen Verallgemeinerungen der praktischen Gestaltung der Eigentumsverhältnisse oder der Rolle des Marktes und des Geldes kam er nicht mehr. So sah er die praktische Wiedereinführung des Kapitalismus nur als ein Zwischenstadium an und blieb insofern inkonsequent. Lenin war aber viel zu unbestechlicher Realist, als daß er sich nicht früher oder später die Frage nach der Funktionsfähigkeit eines sozialistischen Wirtschaftssystems vorgelegt hätte. Dazu sollte es nicht mehr kommen, statt dessen aber zu einer dogmatischen Erstarrung der Lehre von Karl Marx.

II. Das Stalinsche Konzept sozialistischer Wirtschaftsleitung und seine Anwendung in der DDR

Bald nach Lenins Tod wurden unter Führung Stalins die den "reinen" Sozialismus gefährdenden Experimente der Neuen Ökonomischen Politik (NÖP) beendet. "Die Neue Ökonomische Politik" - so hatte Lenin ihr Wesen beschrieben - "bedeutet die Ersetzung der Ablieferungspflicht durch die Steuer, bedeutet den Übergang zur Wiederherstellung des Kapitalismus in beträchtlichem Ausmaß."[31]

Dem schob Stalin mit der Zwangskollektivierung Ende der 20er Jahre den Riegel vor. Zugleich begann die Industrialisierungskampagne und mit ihr das Entstehen des Systems der Kommandowirtschaft. Angesichts einer wenig organisierten, nicht an die notwendige Disziplin, die die industrielle Produktion erfordert, gewöhnten und noch wenig qualifizierten Arbeiter-

---

[31] Lenin, Werke, Band 33, S. 44.

II. Das Stalinsche Konzept sozialistischer Wirtschaftsleitung in der DDR

schaft sowie des Fehlens eines befähigten Stamms von Leitern, der selbständig zu handeln in der Lage gewesen wäre, war die straffe staatliche Kommandowirtschaft dem Prozeß der Industrialisierung selbst geschuldet.

Die Durchführung der ersten Fünfjahrpläne, der forcierte Ausbau der Schwerindustrie, die gewaltigen Umverteilungen zu Lasten der Entwicklung in der Landwirtschaft erforderten ein Höchstmaß an diktatorischer Leitung. Die Kommandowirtschaft bewährte sich in den Jahren des 2. Weltkrieges, in denen auch Marktwirtschaften westlicher Länder, allen voran das faschistische Deutschland, zu staatlichen Zwangsbewirtschaftungsmaßnahmen greifen mußten. Und sicher war die zentrale Kommandowirtschaft auch in den ersten Nachkriegsjahren am geeignetsten, um die großen Zerstörungen beseitigen zu können, die vor allem in den industriellen Schwerpunktgebieten der UdSSR angerichtet worden waren. Vor diesem Problem stand auch das nicht minder zerstörte Deutschland. Zwangsbewirtschaftung gab es demzufolge in allen 4 Besatzungszonen. Die Lage änderte sich schlagartig nach der Währungsreform im Jahre 1948. Mit ihr begannen sich die Wege zu trennen. Auf dem Gebiet der BRD begann der Weg in die Marktwirtschaft, auf dem der DDR wurde der erste zentrale Plan für die zweite Hälfte des Jahres 1948 aufgestellt, dem sich 1949/50 der Zweijahresplan und ab 1. 1. 1951 der erste Fünfjahrplan anschlossen. Die Organisation und Leitung der Wirtschaft wurde ganz nach sowjetischem Vorbild gestaltet. Richtungsbestimmende Vorleistungen gingen von den mehr als 200 sowjetischen Aktiengesellschafts-Betrieben aus, die zunächst zur Demontage als Reparationsleistung bestimmt, unter sowjetische Verwaltung gestellt auf dem Territorium der sowjetischen Besatzungszone produzierten und zur Herausbildung und Erziehung einer ganzen Generation von Leitungskräften benutzt wurden.

Parallel war ein Heer sowjetischer Berater in allen Bereichen der Gesellschaft zur Unterstützung des Aufbaus neuer Machtstrukturen eingesetzt, so auch in der Deutschen Wirtschaftskommission, der späteren Staatlichen Plankommission, den Industrieministerien, dem Finanzministerium, der Deutschen Notenbank und vielen anderen Organe. Das Stalin'sche Modell war allgegenwärtig. Das theoretische Verständnis für die Organisation der Wirtschaft wurde in dieser Zeit wesentlich beeinflußt von Stalins letztem Werk, seiner 1952 erschienenen Schrift "Ökonomische Probleme des Sozialismus in der UdSSR". Stalin äußert sich darin u. a. zu der Ursache der Warenproduktion im Sozialismus, die er in der Noch-Existenz zweier gesellschaftlicher Eigentumsformen sah.

Die Bedingungen für die Erfüllung der Engels'schen Formel, nach der mit der Besitzergreifung der Produktionsmittel durch die Gesellschaft die Warenproduktion beseitigt wird, seien deshalb - so sein sophistischer

Schluß - noch nicht erfüllt. "Wenn an die Stelle der zwei grundlegenden Produktionssektoren, des staatlichen und des kollektivwirtschaftlichen, ein allumfassender Produktionssektor mit dem Verfügungsrecht über alle Konsumgüter des Landes getreten sein wird, dann wird natürlich die Warenzirkulation mit ihrer "Geldwirtschaft" als unnötiges Element der Volkswirtschaft verschwinden."[32] Stalin erkannte einstweilen nur den Konsumgütern den Status einer Ware zu. Für die Produktionsmittel bestritt er den Warencharakter auf das entschiedenste und stellte dafür 3 Thesen auf:

"Erstens können die Produktionsmittel nicht an jeden Käufer 'verkauft' werden. Sie werden nur vom Staat auf seine Betriebe verteilt. Zweitens verliert der Besitzer der Produktionsmittel, der Staat, bei ihrer Übergabe an diesen oder jenen Betrieb in keiner Weise das Eigentumsrecht an den Produktionsmitteln, sondern behält es im Gegenteil voll und ganz. Drittens werden die Direktoren der Betriebe, die vom Staat Produktionsmittel erhalten haben, nicht nur nicht ihre Eigentümer, sondern werden im Gegenteil als Bevollmächtigte des Sowjetstaates zur Ausnutzung der Produktionsmittel entsprechend den vom Staat übergebenen Plänen bestätigt."[33] Stalin kommt bei seiner Theorie von der nur noch äußeren Hüllenform der Ware nicht daran vorbei, die Existenz der Wertkategorien, den Preis, die Selbstkosten und den Gewinn erklären zu müssen.

"Erstens ist das erforderlich für die Kalkulation, für Verrechnungen, um feststellen zu können, ob die Betriebe mit Gewinn oder Verlust arbeiten, um die Betriebe prüfen und kontrollieren zu können. Das ist jedoch nur die formale Seite der Sache. Zweitens ist das erforderlich, um im Interesse des Außenhandels den Verkauf von Produktionsmitteln an ausländische Staaten zu tätigen. Hier, auf dem Gebiet des Außenhandels, aber *nur auf diesem Gebiet,* sind unsere Produktionsmittel tatsächlich Waren und werden tatsächlich verkauft." [34] In den Auffassungen Stalins zur Warenproduktion und denWertkategorien liegt der entscheidende Ausgangspunkt für die zentralistische Kommandowirtschaft:

Eigentum an Produktionsmitteln wird als ausschließliches Staatseigentum verstanden, zu dem der Einzelne oder die Kollektive keine echten Eigentumsbeziehungen zu entwickeln vermögen.

Die Zentrale entscheidet über das Maß der Leistung und die Verteilung der Produkte.

---

[32] Stalin, Ökonomische Probleme des Sozialismus in der UdSSR, Dietz-Verlag 1952, S. 17.
[33] Ebenda, S. 53.
[34] Ebenda, S. 53.

Die wirtschaftliche Eigenverantwortung von Betrieben und Unternehmen wird ausgeschlossen, damit auch ihr Konkurs. Unzureichende wirtschaftliche Ergebnisse - lt. Stalin die formale Seite der Sache - unterliegen allenfalls der Kritik durch die Zentrale.

Bestimmend ist die Naturalwirtschaft. Der Markt hat keine regulierenden Wirkungen. Die Preise, die Haushalts- und Kreditbeziehungen reflektieren nur die materiellen Entscheidungen.

Es ist unschwer festzustellen, daß das Credo Stalins das in der DDR bis zum Ende der 80er Jahre bestehende Wirtschaftssystem bis in alle Einzelheiten hinein geprägt, ja daß es in der Ära Honecker nach Überwindung des "Neuen Ökonomischen Systems" noch einmal eine Phase der Restauration und Perfektionierung durchlaufen hat.

Das bezieht sich sowohl auf die Organisationsprinzipien und Instrumentarien als auch auf den unvermeidlichen Subjektivismus der Wirtschaftsleitung, den Stalin selbst in großem Stil kreierte und der in der DDR umfangreiche Nachahmung erfahren hat. Wie sehr sich gerade die SED-Führung unter Honecker dem Erbe Stalins verpflichtet fühlte, wird unterstrichen durch die 1971 formulierte Hauptaufgabe, die sich in voller inhaltlicher Übereinstimmung mit der Stalin'schen Definition des "Ökonomischen Grundgesetzes des Sozialismus" befindet: "Sicherung der maximalen Befriedigung der ständig wachsenden materiellen und kulturellen Bedürfnisse der gesamten Gesellschaft durch ununterbrochenes Wachstum und stetige Vervollkommnung der sozialistischen Produktion auf der Basis der höchstentwickelten Technik."[35] Mit Fug und Recht kann festgestellt werden, daß das Vermächtnis Stalins in der DDR in hervorragender Weise erfüllt und noch bewahrt wurde, als das Wetterleuchten der Perestroika den Bruch mit dem von ihm geschaffenen System längst angekündigt hatte.

Stalin, der sich zu seinen Lebzeiten selbst als vierten "Klassiker des Marxismus-Leninismus" einstufen ließ, hat sich formal ganz an die Vorhersagen von Marx und Engels gehalten und dennoch ein eigenes, deren Intentionen im Grunde völlig widersprechendes System geschaffen. Mit seinem imperialen Anspruch auf die Allmacht der Marx'schen Lehre in seiner Interpretation behinderte er auch in entscheidendem Maße die Weiterentwicklung der Gesellschaftswissenschaften im "real existierenden Sozialismus" bis in die jüngste Zeit hinein. Vor allem aber waren es die von ihm geschaffenen diktatorischen Strukturen in der UdSSR, die den im Ergebnis des zweiten Weltkrieges von der Sowjetarmee besetzten Ländern oktroyiert wurden, die eine gesellschaftliche Alternative und ihre theoretische Begründung zunächst ausschlossen, die letztenendes nur durch Volkserhebungen zu

---

[35] Ebenda, S. 41.

überwinden waren und dennoch noch immer eine große Zählebigkeit beweisen.

III. Die Stagnation und Perestroika der sozialistischen Wirtschaftswissenschaften

Die Entwicklung der Wirtschaftswissenschaften in den Ländern des "real existierenden Sozialismus" wurde in ganz entscheidendem Maße durch den von Stalin begründeten totalitären Führungsanspruch der herrschenden Partei bestimmt.

Die Wirtschaftswissenschaft teilte das Dilemma mit anderen Zweigen der Gesellschaftswissenschaft, in hohem Maße ideologisiert und auf die uneingeschränkte Rechtfertigung der Politik dieser Partei ausgerichtet zu sein. Einen kritisch-unabhängigen Theoriebedarf hatte die Partei nicht. Prinzipielles war für sie von den Klassikern geklärt, im übrigen galt die jeweils eingeschlagene Strategie und Taktik als der Gipfel der Wissenschaftlichkeit. Die Partei umgab sich ganz mit dem Nimbus, im Alleinbesitz der gesellschaftlichen Wahrheit zu sein. Parteilichkeit war, diesem Anspruch folgend, der höchste Ausdruck wissenschaftlicher Objektivität. Die negative Kritik des Kapitalismus war ebenso total wie die Apotheose des Sozialismus. Wissenschaftlich begründete Einwände gegen einzelne Dogmen der Parteiführung waren kaum möglich, weil das Gesellschafts- und mit ihm das Wirtschaftssystem in sich logisch war. Der falsche Ansatz der zentralen Steuerung war perfekt konstruiert. Wer Kritik üben wollte, mußte das System als Ganzes in Frage stellen. Wissenschaftlicher Meinungsstreit über Probleme der Ökonomie war nicht gefragt, hätte er doch Zweifel an der Richtigkeit der Wirtschafts- und Sozialpolitik auslösen und schüren können.

Die SED tat sich bei der Gleichschaltung der Wirtschaftswissenschaften und der Unterbindung öffentlicher Problemdiskussionen in der Ära Honekker ganz besonders hervor. Auf persönliche Entscheidung Mittags mußten z. B. die Wochenzeitung "Die Wirtschaft" und die Monatszeitschrift "Statistische Praxis" ihr Erscheinen einstellen. Gewünscht wurden die absolut konformen Beiträge im theoretischen Organ der Partei, der "Einheit", und geduldet wurde die mehr akademisch geführte Diskussion in der "Wirtschaftswissenschaft". Periodika aber mit praktischen Problemdiskussionen anhand sonst nicht veröffentlichter Daten, die den Wirtschaftswissenschaftlern generell vorenthalten wurden, konnte ein Mittag nicht gebrauchen.

Alle Weisheit der Ökonomie war für ihn in den Dokumenten der Partei enthalten. Charakteristisch für viele kompetente Wirtschaftswissenschaftler der DDR war deshalb die Hinwendung zur Betriebswirtschaft oder zu mathematisch-statistischen Methoden. Soweit Fragen von volkswirtschaftlicher Relevanz untersucht wurden, blieben die Ausarbeitungen meist bei einer gemäßigt kritischen Zustandsbeschreibung stehen, weil Lösungsvorschläge in der Regel eine Auseinandersetzung mit der Politik der Partei erfordert hätten.

Parteiunabhängige alternative national-ökonomische Theorien konnten unter diesen Bedingungen kaum entstehen. Als ausgesprochene Antithesen zum kapitalistischen Gesellschaftssystem waren alle Problemfelder apodiktisch durch die Philosophie der Partei belegt.

Änderungen, die den Ökonomen Chancen für die Erschließung von Neuland eröffnet hätten, konnten immer nur "von oben" eingeleitet werden und trugen - der Logik dieses Systems folgend - in starkem Maße Züge persönlicher Handschrift. So hätten die unter Chrustschow eingeleiteten Reformen, die ihren Widerhall in mehr oder weniger allen sozialistischen Ländern fanden, den Aufbruch zu einem neuen System bedeuten können. Mit großer Aufnahmefreudigkeit wandten sich z. B. die Ökonomen in dieser Zeit der von Norbert Wiener Ende der 40er Jahre begründeten Kybernetik zu.

Ihre konsequente Auslegung hätte allerdings schon damals das bestehende Zentralverwaltungssystem in Frage stellen müssen. Nach den Erkenntnissen dieser Theorie, die besonders von dem Polen Oskar Lange befruchtet und verbreitet wurde, kann die Stabilität komplizierter und komplexer Systeme, die aus einer Vielzahl von Unter- oder Teilsystemen bestehen, durch zentrale Steuerung nicht aufrechterhalten werden, selbst wenn ihre Zielfunktion mit denen der Unter- und Teilsysteme harmoniert.

Notwendig sind vielmehr Regelmechanismen, die eine weitgehend autonome Selbstregulierung der Teilsysteme auf verschiedenen Ebenen ermöglichen und nur solche Probleme zentral steuern und kompensieren, die die Sachkunde bzw. Ressourcen der Teilsysteme überschreiten oder die Stabilität bzw. Existenz des Gesamtsystems gefährden. Ein solcher Regelmechanismus für ein gesellschaftliches System muß vor allem geeignet sein, Prozesse und Verhaltensweisen zu steuern, die sich aus den unterschiedlichen Interessen der Unternehmer, Verbände, Parteien, Kommunen und Individuen ergeben. Er muß flexibel sein, um sich veränderten äußeren und inneren Existenzbedingungen des Systems anpassen zu können, von der Mehrheit der im System agierenden Subjekte akzeptiert werden und auf den objektiven Gesetzen der Gesellschaftsentwicklung beruhen. Über einen derartigen Regelmechanismus verfügten die Länder des real existierenden Sozialismus nicht.Demgegenüber hat sich der Kapitalismus seit seiner Entstehung vielfältig verändert. Keinesfalls sollen die erheblichen Konflikte dabei übersehen werden. Sie aber nicht verdrängt, sondern ausgetragen zu haben, sicherte letztlich die Existenz des Systems überhaupt. Die Kybernetik geriet mit der Machtübernahme durch Breshnew in der UdSSR und Honecker in der DDR in Vergessenheit, weil sie mit dem neuerlich belebten zentralen Machtanspruch nicht in Übereinstimmung zu bringen war.

Zu den in den 60er Jahren sich am weitesten von der Zentralverwaltungswirtschaft entfernenden Theorien gehörten die des "Prager Frühlings". Insbesondere Ota Sik setzte sich mit einer Reihe von Grundfragen auseinander. Sik bestritt in seinem Buch "Plan und Markt im Sozialismus" die Behauptung, daß die zentrale planmäßige Entscheidung voll den Marktmechanismus zwischen den Betrieben ersetzt. Er forderte zwischen den Produzenten solche ökonomischen Beziehungen, "... vermittels derer sie ständig gezwungen sind, bei ihrer Entscheidung über die Produktion die Interessen der Verbraucher zu respektieren und bei denen jeder Produzent seine einseitige Entscheidung auf Kosten der Konsumenten selbst als Konsument negativ, seine optimale Entscheidung aber positiv verspürt."

Sik forderte die Anerkennung beweglicher Marktpreise mit Rückwirkungen auf die Produzenten. Sik wollte aber eine "Rehabilitierung der Marktbeziehungen nicht als eine Schwächung des Prinzips der gesamtgesellschaftlichen Planmäßigkeit aufgefaßt ..." wissen, sondern trat für die Ausnutzung der Geldfunktionen, vor allem des Kredits, für die Verbindung von volkswirtschaftlicher Planung und Markt ein. Siks Theorien waren generell auf eine Synthese von Plan- und Marktwirtschaft ausgerichtet, bei der der zentralen Planung immer noch das Primat gehören sollte.

Am weitgehendsten waren seine Auffassungen zu einem bis heute nicht gelösten Kardinalproblem des Sozialismus, der Eigentumsfrage. Sik trat für die Koexistenz verschiedener Eigentumsformen in einer reformierten sozialistischen Gesellschaft ein. Im Sektor des gesellschaftlichen Eigentums sollte in den großen Unternehmen bzw. Konzernen eine Art "neutralisiertes Kapital" existieren. Rechtlicher Eigentümer sollte das jeweilige Arbeitskollektiv, repräsentiert durch einen Vermögensverwaltungsrat sein. Es sollte keinen individuellen Eigentümer geben, und die einzelnen Mitarbeiter sollten nur über eine Gewinnbeteiligung an der effektiven Kapitalverwertung interessiert sein. Seine Auffassungen näherten sich sehr dem jugoslawischen Modell des Gruppeneigentums an. Am Ende der 80er Jahre kam Sik zu der Erkenntnis, daß seine Vorstellungen zwei grundsätzliche Mängel aufwiesen. Zum einen könne - so seine neue Erkenntnis - in Wachstumsbranchen der

III. Stagnation und Perestroika der Wirtschaftswissenschaften

notwendige Kapitalzuwachs weder aus dem Gewinn noch mit Hilfe des Kreditwesens gesichert werden. Zum anderen werde mit einer Gewinnbeteiligung das Entfremdungsproblem nicht gelöst, dafür das einseitig kurzfristige Interesse am Gewinn und seiner individuellen Ausschüttung gefördert. Sik empfiehlt deshalb neuerlich, der Belegschaft unveräußerliche und nicht vererbliche Anteilszertifikate auszustellen und Aktien zu emittieren, die von jedermann erworben werden können. Er versucht damit zugleich das Problem der Eigentümeridentifikation wie des strukturell bedingt notwendigen Kapitalflusses entsprechend marktwirtschaftlichen Bedingungen zu lösen.

Grundsätzlich neue Überlegungen zur Veränderung der in den 70er Jahren restaurierten zentralen Kommandowirtschaft konnten erst mit der von Gorbatschow eingeleiteten Perestroika entstehen. Dabei bildete die Überwindung der imperativen zentralen Planung durch die indikative Methode in den Auffassungen nur ein kurzes Intermezzo. Vielmehr dominierten schon nach kurzer Zeit die Überlegungen zur Schaffung einer sozial und ökonomisch orientierten sowie durch den Staat regulierten Marktwirtschaft. Der führende Kopf in der UdSSR, nicht nur als Wissenschaftler und Direktor des Ökonomischen Instituts der Akademie der Wissenschaften, sondern auch als Leiter der Staatlichen Kommission des Ministerrates der UdSSR für die Wirtschaftsreform und Stellvertreter des Vorsitzenden des Ministerrates, Abalkin, vertrat noch 1986 die Ansicht, daß die Lösung der Probleme in der Verbindung der zentralen Planung mit der vollen wirtschaftlichen Rechnungsführung der Betriebe liegt. Danach sollte die zentrale staatliche Planung die qualitativ-stofflichen Pozesse und die Geld- und Finanzströme koordinieren. Die Produktionsplanung der Betriebe müsse ausgehend von den zentralen Plänen verbraucherorientiert und ihre Effektivitätsplanung von langfristigen Normativen bestimmt sein.

Abalkin kam 3 Jahre später zu der Schlußfolgerung, daß der Markt auch in einer sozialistischen Warenproduktion die entscheidend vermittelnde Funktion der gesellschaftlichen Arbeit besitzt. So dürfe es keine durch zentrale Verteilung vermittelte Beziehungen zwischen Produzenten und Verbrauchern, dafür freie Wahl der Partner und der Wirtschaftsbeziehungen und den ökonomischen Wettbewerb zwischen den Produzenten geben.

Abalkin sieht Formen der Einflußnahme des Staates auf die selbständigen Produzenten noch in Staatsaufträgen, der Zahlung von Subventionen, der Erhebung von Steuern und der Festlegung von Zinssätzen - also überwiegend Methoden de indirekten Steuerung. In seinen Arbeiten drückt sich das Bemühen um konzeptionellen Vorlauf für die Umstellung des Systems der Wirtschaftsleitung und -lenkung aus, das die Chance für einen durchdachten, schrittweisen Übergang zu einer marktwirtschaftlichen Ordnung bietet. Die Widerstände in diesem Prozeß sind enorm, und es stellt sich die Frage, ob diese Möglichkeit einen Vorteil darstellt gegenüber dem unbedingten Muß, dem sich die DDR-Wirtschaft im Prozeß der Herstellung der Wirtschafts-, Währungs- und Sozialunion gegenübersah.

In allerjüngster Zeit zeigt sich in den Schriften Abalkins wie der offiziellen Regierungserklärungen immer eindeutiger, daß auch in der UdSSR mit der zentralen Kommandowirtschaft total gebrochen und der Übergang zur Marktwirtschaft ohne Wenn und Aber vollzogen werden soll.

IV. Die DDR an der Schwelle der Marktwirtschaft

Der Übergang von einer Zentralverwaltungswirtschaft zu einer Marktwirtschaft, gleich welcher Couleur, ist bisher ohne Beispiel in der Welt. Ungarn und Polen versuchten sich seit längerem an einer Synthese von zentraler Planwirtschaft und Marktwirtschaft ohne durchschlagenden Erfolg. Sie blieben im Verhältnis zur DDR in der wirtschaftlichen Entwicklung sogar zurück, was die SED-Führung in ihrer Auffassung bestätigte, daß solche Experimente den Sozialismus nicht nur politisch gefährden, sondern auch wirtschaftlich zum Mißerfolg verurteilt sind. Die Anpassung der DDR an die wirtschaftlichen Strukturen der BRD im Rahmen der Währungs-, Wirtschafts-, und Sozialunion erforderte in kürzester Frist einen radikalen Bruch mit dem bisherigen Wirtschaftssystem, der ganz natürlich nicht konfliktlos vonstatten gehen konnte und kann.

Bei allen verständlichen Interessenkonflikten, insbesondere zwischen sozialen Gruppierungen, Regionen und politischen Couleurs Deutschlands, die in diesem Prozeß der Vereinigung zweier extrem unterschiedlicher Systeme aufbrechen werden, kann doch davon ausgegangen werden, daß die politische Idee der Einheit der deutschen Nation und die günstige wirtschaftliche Situation der Bundesrepublik Garant dafür sind, die Schmerzen dieser Operation in Grenzen zu halten. Dabei hatte die DDR den entscheidenden Vorteil, der durch seine Ausschließlichkeit allerdings im Detail auch die Sicht für neue Lösungen verschließen kann, sich in ein bewährtes System der Marktwirtschaft einordnen zu können. Der Weg über Trial und Error oder über die Verifizierung theoretischer Modellkonzeptionen der Transformation ist für sie weder notwendig noch möglich. Die zu lösenden Aufgaben waren und sind vielfältig. Sie erfordern ein hohes Maß an politischem Verantwortungsbewußtsein und Einsicht, Entschlossenheit und Arbeitswillen. Trotz des schlimmen Erbes stehen die Chancen für die Bürger der DDR nicht schlecht, mit neuen Motivationen, und erstmals wirklichen Freiräumen einen spürbaren Aufschwung und damit einen steigenden Wohlstand zu erreichen. Die Wirtschaftswissenschaften stehen in der Verantwortung nicht nur zu konkreten Fragen des Übergangs relevante Lösungen anzubieten, sondern die erste Genesis der Markwirtschaft in einem einst planwirtschaftlich verwalteten Staat festzuschreiben und die Erfahrungen an die Länder, die sich auf dem gleichen Weg befinden, weiterzugeben. Diese Aufgabe ist auch eine Chance für die Wirtschaftswissenschaftler der ehemaligen DDR, aus ihren spezifischen Kenntnissen des alten Systems und der zunehmenden Begegnung mit der Marktwirtschaft der Komplexität des Übergangs zu entsprechen.